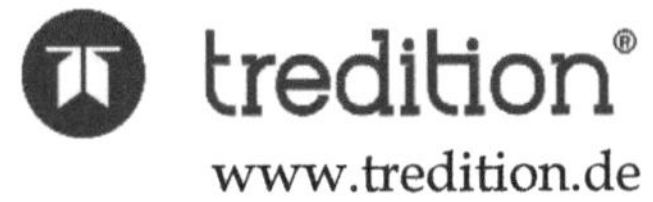

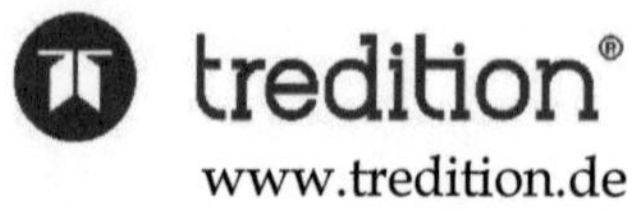

www.tredition.de

Verlag & Druck: tredition GmbH, Halenreie 40-44, 22359 Hamburg

ISBN
Paperback: 978-3-347-04933-8
Hardcover: 978-3-347-04934-5
e-Book: 978-3-347-04935-2

<u>*Playlist*</u>

Supergirl – Reamonn

Where I Belong – Sia Colour The Small One

Leichtes Gepäck – Silbermond

You And Me - Milow

Him & I – G-Eazy & Halsey

Imagination – Shawn Mendes

Über die Autorin

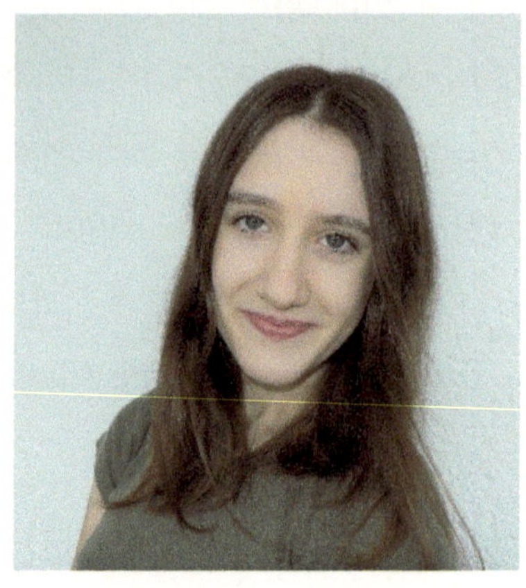

Jannika Lehmann wurde 2005 in Südbayern geboren und schrieb schon immer leidenschaftlich gerne. Nun hat sie ihren ersten eigenen Roman verfasst, für den sie auch im Urlaub am Meer bei dreißig Grad vor dem Laptop saß. Sie liebt das Fotografieren, das Reisen und besonders alles, was mit den Schreiben und Büchern zu tun hat. Weitere Informationen über Jannika Lehmann befinden sich auf ihrem Instagram Account (@jannika_lehmann).

Für diejenigen, die glaubten, ich schaffe das nicht. Hier ist der Beweis für das, was ihr mir nicht zugetraut habt.

Prolog
Katy

Es gibt Menschen, die einfach nicht so sind wie andere. So wie ich. Manchmal frage ich mich, wieso ich auf dieser Welt bin, denn ich bin zwar sechzehn Jahre alt, aber ich kann noch nicht mal beim Bäcker ein Brot bestellen. Ich kann nicht sprechen. Genauer gesagt, ich könnte schon sprechen, wenn ich nicht totalen Mutismus hätte. Der totale Mutismus ist eine psychische Störung, wie es die Ärzte definieren, bei der man im Kindes- und Jugendalter stumm ist und meist erst nach oder manchmal in der Pubertät - möglicherweise durch tolle Erlebnisse - anfängt zu sprechen. Also kurz gesagt, ich habe eine Sprachbarriere. Man sieht mir meine Einschränkung nicht an, aber trotzdem ist sie wie ein großer Felsen in meinem Lebensweg. Sie hat dazu geführt, dass ich nicht zur Schule gehen kann und von klein auf die Gebärdensprach lernen musste.

Als ich nämlich sechs Jahre alt war, wurde ich wie jedes normale Kind eingeschult. Ich konnte mich zwar nicht melden und etwas sagen, allerdings meinten die Ärzte, ich könnte hören wie ein Luchs und hätte Augen wie ein Adler. Somit ging ich in eine gewöhnliche Grundschule für ganz normale Kinder in Minneapolis. Jedoch nur für die ersten drei Wochen, die meine schlimmsten drei Wochen meines Lebens waren. Die anderen Kinder waren so fies zu mir und machten sich über meine Einschränkung lustig, bezeichneten mich immer als ‚Behinderte' und stellten mir provozierende Fragen, die ich ihnen nicht beantworteten konnte. In Gebärdensprache antwortete ich nicht, da ich mich nur zum Gespött gemacht und sie sowieso keiner verstanden hätte. Als meine Eltern sahen, wie stark ich litt, entschieden sie sich, mich zu Hause privat unterrichten zu lassen.

Kapitel 1

Katy

„Sie wollten mit mir sprechen?", sagte meine Mom zu meinem Privatlehrer, Mr. West im Wohnzimmer, nachdem ich mich in mein Zimmer zurückgezogen hatte.

„Ja, Ms Oram. Ich wollte ihnen nur mitteilen, dass ich seit einiger Zeit das Gefühl habe, dass Katy unglücklich ist. Haben Sie daran gedacht, dass die Zeit immer näher rückt, in der sie anfangen könnte zu sprechen?"

„Ja, habe ich, Mr. West. Katy hat im Vergleich zu gleichaltrigen Teenagern noch nicht viel in ihrem Leben erlebt. Mein Mann und ich überlegen deshalb umzuziehen. Vielleicht in eine schöne Gegend, in der sich Katy so richtig wohl fühlt und dort dann möglicherweise sogar anfängt zu sprechen. Allerdings sind wir noch ziemlich ratlos, welche Gegend wir als unsere neue Heimat bezeichnen könnten."

„Also, da bin ich jetzt schon ein bisschen überrascht, aber dürfte ich ihnen als Katys Lehrer einen Tipp geben?"

„Natürlich dürfen Sie das. Deswegen habe ich ja auch das Gespräch mit ihnen gesucht", meinte meine Mutter Bridgette zu meinem Lehrer.

„Im Erdkundeunterricht interessiert Katy sich sehr für die Gegend um New Orleans. Ich könnte mir vorstellen, dass das ein denkbarer Ort für ihren Neuanfang sein könnte, sofern sie und ihr Mann das mit Ihrer Arbeit koordiniert bekommen."

„Ich bin ihnen sehr dankbar für diesen Tipp. Über unsere Arbeit brauchen wir uns keine Gedanken machen. Das Einzige, was wir für unsere Arbeit brauchen, ist ein gut funktionierendes Internet, denn wir leiten unser Büro in Washington von zu Hause aus."

Während meine Mutter mit meinem Lehrer im Wohnzimmer sprach, saß ich in meinem Zimmer, spielte Gitarre und hatte noch keine Ahnung was meine Eltern planten.

Als es an der Tür klopfte, wollte ich gerade ein selbst komponiertes Lied anspielen. Ich legte meine alte Gitarre, die mir meine Mutter einmal vom Flohmarkt mitgebracht hatte, neben mich, während sich die Tür meines dreißig Quadratmeter großen Zimmers öffnete und meine Eltern hereinkamen.

Sie wollten mir etwas Wichtiges mitteilen, das konnte ich ihnen ansehen:

„Wir finden, dass du für dein Alter noch nicht viel erlebt hast und deshalb haben wir uns etwas ganz Besonderes für dich überlegt. Wir werden die Stadt Minneapolis verlassen, in der du bisher dein ganzes Leben verbracht hast und werden umziehen."

Auf einem Mal war ich hellwach, richtete mich auf, blickte in die freudestrahlenden Gesichter meiner Eltern und bemerkte, wie mir plötzlich heiß wurde. Ich wollte unbedingt wissen, welche Gegend sie für mich ausgewählt hatten. Ich hatte nicht sonderlich gute Verbindungen zu Minneapolis, somit war ich offen für Neues.

„Und wir haben uns nach langem Überlegen und sogar nach einem Gespräch mit deinem Lehrer für die Stadt, für die du dich - laut Mr. West - sehr interessierst, entschieden."

Ich dachte fieberhaft nach, für welche Stadt ich mich angeblich interessieren sollte, denn eigentlich fand ich die ganze Welt sehr interessant.

„Naja … also … es ist die Stadt NEW

ORLEANS!!!"

Es dauerte ein paar Sekunden bis ich es begriffen hatte, dass wir in die Stadt meiner Träume ziehen würden.

Meine Eltern schauten mich erwartungsvoll an und schreckten überrascht zurück, als ich plötzlich aufsprang und wild durch mein Zimmer hüpfte und mich so sehr freute wie noch nie in meinem Leben. Erleichtert umarmten mich meinen Eltern, nachdem ich mich wieder beruhigt hatte.

An diesem Abend konnte ich genauso schlecht schlafen wie in jenen Nächten der drei Wochen, in denen ich in der Grundschule war. Jedoch diesmal nicht aus Verzweiflung, sondern einfach aus purer Freude.

Kapitel 2
Katy

In schon drei Wochen würde ich in New Orleans wohnen. Bis dahin hatte ich noch einiges zu tun. Ich musste mein Zimmer ausmisten, aufräumen und den gesamten Inhalt in dreißig Kartons verstaut bekommen. So eine große Aufgabe hatte ich noch nie. Während des Aufräumens fand ich alte Tagebücher und las einen Eintrag, den ich mit zehn Jahren verfasst hatte:

Liebes Tagebuch,

heute habe ich wieder nicht viel erlebt, geschweige denn gemacht. Mr. West hat mir zwar etwas über die Landschaft in New Orleans erzählt. – wie schön sie sei und wie toll die historische Altstadt mit ihren zahlreichen Gebäuden im spanischen und französischen Kolonialstil sei. Jedoch frage ich mich, ob ich jemals dieses Haus ohne Sorgen und Ängste verlassen werde. Jeder Zeit könnte mich jemand auf der Straße ansprechen und ich könnte dieser Person nicht antworten. Eine Horrorvorstellung für mich und genau deshalb bleibe ich lieber Zuhause. In Büchern wird das Leben als so einfach geschildert, doch mir scheint es so, als wäre das Leben alles andere als leicht. Besonders mein Leben.

Deine Katy

Ganz plötzlich hatte ich so große Lust, endlich viel zu erleben und freute mich auf meinem neuen Lebensabschnitt in New Orleans. Ich wollte mit den Ängsten und Sorgen der Vergangenheit abschließen und einfach auf mich zukommen lassen, was die Zukunft so bringen würde. Ausgelassen legte ich mich mit ausgebreiteten Armen und Beinen auf den Fußboden und begann mir auszumalen, was ich alles in meiner neuen Heimat machen könnte und dass mir dort vielleicht sogar neue Ideen für ein neues Lied einfallen würden. Ich hoffte nämlich insgeheim, dass ich irgendwann mit meinen selbst komponierten Liedern berühmt werden würde. Vielleicht hatte ich diesen Traum, um den anderen Kindern aus den drei Wochen Grundschulzeit zu zeigen, dass sie mit ihrer Behauptung, ich sei ‚behindert‘, nicht Recht hatten.

***

Die drei Wochen bis zum Umzug vergingen so schnell, dass ich sehr überrascht war, als mich meine Eltern eines Morgens so weckten:

„Guten Morgen Katy. Ich hoffe, du hast die letzte Nacht in diesem Bett, in diesem Haus und in dieser Stadt noch mal so richtig genossen!"

Ich rieb mir verschlafen die Augen, richtete mich in meinem Bett auf und wunderte mich sehr über diese feierliche Morgenbegrüßung, als meine Eltern hinzufügten: „Heute ist dein großer Tag, Katy! Komm, steh auf! New Orleans wartet auf dich!"

Ich stand blitzschnell auf und gab meinen Eltern mit Hilfe der Gebärdensprache zu verstehen, dass ich mich schnell umziehen würde. Meinen Eltern verließen beide mein Zimmer (oder sollte ich schon sagen mein *ehemaliges* Zimmer?!). Ich zog mich schnell an, lief durch meinen fast leeren Raum (nur mein Bett und ein paar Schränke standen noch darin) und durch das komplett leere Haus nach draußen. Naja, nicht ganz leer, wir waren ja immer noch in Amerika, wo man ein Haus, das nicht eingerichtet war, nicht verkaufen konnte. Draußen wartete schon Mr. West auf mich, der in Minneapolis blieb. Ich ging auf ihn zu und merkte wie sich ein kleiner

Kloß in meinem Hals festsetzte. Ich war deshalb sehr irritiert, denn ich dachte, es würde mir nichts ausmachen ihn hier zurückzulassen. Er war ja schließlich nur mein Lehrer gewesen. Also umarmte ich ihn und gebärdete, dass ich ihm auf jeden Fall schreiben werde, dabei kullerten mir unwillkürlich Tränen über beide Wangen.

Mit dem Ärmel wischte ich sie schnell beiseite, setzte mich schon mal ins Auto und versuchte nach vorne zu blicken. Um mich abzulenken, versuchte ich mich schon mal auf eine achtzehnstündige Autofahrt einzustellen. Als Mr. West jedoch wie gelähmt in sein Auto stieg, spürte auch ich, dass so ein Abschied schwerer war, als ich je gedacht hätte. Nachdem ich Mr. West lange nachgeschaut hatte, als er mit dem Auto langsam die Straße hinunterfuhr, drehten sich meine Gedanken um sehr viele schöne Erlebnisse mit ihm. Diesen Abschiedsmoment erlebte ich ungeahnt heftig und wie in Zeitlupe.

Wenig später kamen meine Eltern ins Auto und unsere - beziehungsweise meine - erste große Reise begann. Wir fuhren langsam an unserem alten Haus vorbei, aus der Straße heraus und auf dem schnellsten Weg auf einem Highway.

Erst als alle Häuser der Stadt hinter uns lagen, gelang es mir, wirklich nach vorne zu blicken, nicht nur durch die Windschutzscheibe. Wir frühstückten im Auto Sandwiches, die wir als Abschiedsgeschenk von Mr. West bekommen hatten.

Ich war sehr gespannt auf die neue Stadt, die irgendwie - trotz der vielen Erzählungen von Mr. West - sehr unbekannt war.

Ich starrte aus dem Fenster und bemerkte, dass ich immer nervöser wurde, je näher wir Richtung New Orleans fuhren.

Ich hatte mir fest vorgenommen, die ganze Autofahrt wach zu bleiben, denn wir würden ja erst in der Nacht die Stadt meiner Träume erreichen. Nach einigen Stunden angestrengten, neugierigen Schauens wurden meine Augen jedoch so schwer, dass sie wohl zugefallen sein mussten. Im Nachhinein ärgerte ich mich, dass ich mir heute früh keinen Latte Macchiato gegönnt hatte, um mich wachzuhalten. Somit verschlief ich den besonderen Moment, als wir New Orleans endlich erreichten.

***

Als ich aufwachte, erschrak ich sehr, denn ich lag in einem fremden Bett und es war hell. Ich stand auf, sah aus dem Fenster und konnte nicht glauben, was ich sah. Von dem Zimmer aus, in dem ich mich befand, konnte man auf den Mississippi River blicken. Ein Blick an der Hausfassade entlang verriet mir, dass ich mich im zweiten Stock befinden musste. Außerdem berührten ein paar Äste einer Palme die große Glasscheibe. Vögelchen hüpften auf diesem wunderbaren Baum auf und ab, als wäre es ein Trampolin. Als ich meinen Blick nach rechts wendete, blendeten mich die Sonnenstrahlen. Erst jetzt nahm ich war, wie grell die Sonne hier schien. Als ich all das sah, fühlte es sich an, als würde ein totgeglaubter Teil meines Herzes wiedererwachen, denn ich hatte gar nicht mehr gewusst, dass ich mich so innig freuen konnte. Tatsächlich, ich stand in unserem neuen Haus in New Orleans in der Berkeley Street. Ich schaute an mir herunter und stellte fest, dass ich einen Schlafanzug trug. Ich konnte mich zwar nicht erinnern, wie er an meinen Körper gekommen war, doch wollte ich mich mit diesem Gedanken gerade nicht aufhalten. Ich zog mich schnell um, kickte mein Schlaf-T-Shirt mit dem Fuß in die eine Ecke des Zimmers, die Hose flog hinterher. Das mit der Ordnung klappte ja schon super in meinem neuen Reich, dachte ich zynisch. Aber egal! Ich streifte mir mein sonnengelbes Sommerkleid über, das ich aus einem Karton fischte und erkundete unser neues Haus. Es schien mir so, als wäre es deutlich größer als unser altes Haus in Minneapolis, wofür meine Eltern erstaunlich schnell einen Käufer gefunden hatten. Ich fand schließlich meine Eltern im Wohnzimmer im Erdgeschoss wieder. Ich fragte sie mit Hilfe der Gebärdensprache, was heute Nacht noch alles passiert war.

„Guten Morgen erstmal, liebe Katy. Wir sind um zwei Uhr mitten in der Nacht hier angekommen und da die Männer mit dem Umzugswagen schon früher hier ankamen, waren sie so nett und haben alle einhundertneunzig Umzugskartons ins Haus getragen. Wir haben dich dann geweckt, du wurdest aber nicht richtig wach und bist gleich zu Bett gegangen", erklärte mir meine Mom mit ruhiger Stimme.

Ich war entsetzt! Ich war wach gewesen, wusste aber nichts mehr? Peinlich.

Also manchmal fragte ich mich ernsthaft, ob die Kinder aus der Grundschule doch Recht hatten, wenn sie behaupteten, dass ich behindert wäre. Ich verdrängte diesen Gedanken jedoch

schnell wieder und begann das von meinen Eltern liebevoll zusammengestellte Frühstück zu
genießen.

Kapitel 3
Katy

Doch schon bald merkte ich, dass in der neuen Heimat nicht alles perfekt war, sofern es überhaupt ein ‚perfekt‘ gab. Nach einer Woche in New Orleans konfrontierten mich meine Eltern mit etwas für mich sehr Belastendem. Sie meinten, es wäre an der Zeit, dass ich endlich in eine richtige Schule ging. In eine richtige Schule mit Mitschülern und so, um später studieren zu können. Bis jetzt war die neue Heimat für mich eine sehr positive schöne Umstellung gewesen, doch als mir das meine Eltern mitteilten, fühlte es sich so an, als würde mir jemand mit der flachen Hand ins Gesicht schlagen und all die negativen Erinnerungen an meine kurze Grundschulzeit kamen in mir hoch.

Ich ließ mich jedoch auf die Idee meiner Eltern ein. Ich hoffte nämlich, in der Schule vielleicht endlich Freunde zu finden, denn diese Möglichkeit wurde mir durch den Privatunterricht in meiner Vergangenheit nicht geboten.

Schneller als ich gucken konnte, waren die Sommerferien vorbei und der erste Schultag rückte näher.

Ich hatte mir noch keine Gedanken gemacht, wie ich mich verhalten sollte, wenn mich Mitschüler ansprechen würden. Allerdings hatte ich dazu auch keine Zeit mehr.

Eines Montagmorgens weckte mich meine Mutter und schmiss mich wortwörtlich aus dem Bett. Genauer gesagt musste sie das tun, denn ich war wirklich ein richtiger Morgenmuffel.

Nach dem Frühstück brachte sie mich mit dem Auto zur Schule. Vor dem großen unbekannten Schulgebäude hielt sie an und ich stieg aus. Allerdings ließ ich die Autotür noch offenstehen, denn meine Mutter blieb zu meiner Verwunderung sitzen. Ich schaute sie auffordernd an und hoffte, sie würde das Auto abstellen und ebenfalls aussteigen. Die Gebärdensprache wollte ich hier keines Falls anwenden aus Angst, ich könnte beobachtet werden. Denn, wenn mich jemand aus der Ferne so reden sehen würde, entstünden vielleicht gleich Vorurteile gegen mich.

Meine Mutter verstand zum Glück, was ich wollte, blieb aber sitzen und meinte: „Katy, du bist sechszehn Jahre alt. Es wird Zeit, dass du endlich selbstständig wirst. Viel Spaß in der Schule."

Ich war wütend und ihre Worte hallten in meinem Kopf. *Endlich selbstständig!* Das war doch die Höhe! Ich hatte doch nicht die gleichen Bedingungen, wie andere, um selbstständig zu werden. Wie sollte ich mich allein in der Schule zurechtfinden, wenn ich noch nie dort gewesen war? Einen anderen Schüler ansprechen und fragen, wo sich die Räume befanden, war nicht möglich. Ich hatte mich noch nie so hilflos gefühlt.

Ich schmiss die Autotür mit voller Kraft zu und stapfte in Richtung Schuleingang. Na wenigstens wusste ich wie das Schulsystem an einer Highschool funktionierte, dank Mr. West, der mir immer über Gott und die Welt erzählt hatte.

Ich erreichte das Gebäude und betrat es. Ich war sehr früh dran und es hielten sich nur vereinzelt Schüler im Eingangsbereich auf. Es roch irgendwie muffelig und mir war plötzlich ganz schlecht. Ich ging ungefähr zehn Meter in die große Eingangshalle rein und war so erleichtert, als ich in der Mitte des Eingangsbereichs Tafeln entdeckte, an die Aushänge gepinnt waren. Zum Glück war Schuljahresbeginn und auf den Blättern stand in welchem Klasseraum sich jeder Schüler einfinden sollte, um sich dann bald für seine Kurse eintragen zu können. Ich ging also auf diese Tafeln zu und fand auch schon nach wenigen Sekunden Suchzeit diese wichtigen Informationen, die neben meinem Namen auf eines der vielen Blätter gedruckt worden war:

Katy Oram / Gruppe Senior / Raum 204

Nachdem ich diese Informationen mit dem Handy abfotografiert hatte, machte ich eine schwungvolle neunzig Grad Drehung, während ich noch weiter auf mein Handy starrte. Dabei stieß ich gegen einen gutaussehenden jungen Kerl, der anscheinend die ganze Zeit hinter mir gestanden hatte, während ich die Informationen abfotografiert hatte. Ich stolperte circa einen Meter rückwärts von dem jungen Mann weg und versuchte mich bei ihm mit einem unsicheren Lächeln zu entschuldigen. Oh mein Gott, etwa ein *Highschool Bad Boy*, war mein hirnrissiger Gedanke nach dem ersten Schock, was mir kurzdarauf unsagbar peinlich war, obwohl ich den Gedanken natürlich nicht ausgesprochen hatte. Es war eine dieser berühmt berüchtigten Situationen, in denen man am liebsten im Erdboden versinken würde. Deshalb rannte ich schnell an dem Typ vorbei in Richtung Treppenaufgang, wo es zu den oberen Stockwerken ging, während er immer noch wie eine stattliche Säule dastand und mir verdutzt nachsah. Ich rettete mich auf die unterste Stufe der Treppe und war dank der seitlichen Treppenmauer von seinem Blick geschützt. Ich atmete drei Mal tief ein und aus. Denn wie heißt es so schön? Alle guten Dinge sind drei!

Als ich mich beruhigt hatte und wieder einigermaßen klar denken konnte, lugte ich vorsichtig über die Mauer, um festzustellen, ob der gutaussehende Typ verschwunden war. Die Luft war rein und ich machte ich mich auf die Suche nach meinem Raum, den ich unerwartet schnell fand und betrat. Es waren schon einige Schülerinnen und Schüler vor mir in dem Klassenraum, die mich nicht beachteten, als ich mich in der letzten Reihe auf einem gelben Stuhl niederließ.

Ich vermutete, dass sich die anderen Schüler schon kannten, weil sie ein belebtes Gespräch führten. Ich sah mich kurz in dem Raum um und als sich die Tür öffnete, blickte ich neugierig zur Tür. Wer kam da zur Tür herein? Genau der Typ, mit dem ich gerade erst zusammengestoßen war! Ich hatte das Gefühl, mein Herz würde stehen bleiben. Das durfte doch nicht wahr sein! Er erkannte mich offensichtlich sofort und ging auf mich zu. Mein erster Gedanke war: *Scheiße! Nimmt denn die Peinlichkeit gar kein Ende?* Wieso hatte er überhaupt im Eingang so nah hinter mir gestanden? Er war bestimmt *der Bad Boy* der Schule, auf den alle Mädchen total abfuhren. Allerdings ermahnte ich mich selbst, dass dies ja schließlich ein Vorurteil gegen ihn war. Da ich es schließlich auch nicht mochte, dass andere Vorurteile gegen mich hatten, konzentrierte ich mich darauf, den Gedanken wieder fallen zu lassen. Er setzte sich zunächst wortlos neben mich und ich spürte, dass mein Gesicht rot anlief. Er ließ sich jedoch nicht davon beirren, sofern er es überhaupt bemerkte, wovon ich jedoch leider stark ausging.

Er sprach mich an: „Hi, ich bin Levi. Die Sache von vorhin braucht dir nicht peinlich zu sein. Aber eins würde mich schon interessieren: Wie heißt du eigentlich?" Er lächelte verschmitzt. Und scheiße, er sah dabei so verdammt gut aus.

Mir war jetzt zum zweiten Mal an diesem Tag total schlecht und zudem hatte ich nun auch noch ganz verschwitzte Hände. Ich starrte Levi einfach nur fassungslos an, denn ich hätte nicht gedacht, dass wir uns so schnell wiedersehen würden. Außerdem verstärkte sich die Übelkeit noch, als mir einfiel, dass ich ihm gar nicht antworten konnte. Ich wusste mir zu meinem Glück zu helfen und begann schließlich hastig in meiner Tasche nach einem Stift und Papier zu suchen. Als ich alles gefunden hatte, kritzelte ich schnell eine Antwort drauf, damit er mich hoffentlich nicht in eine unangenehme Situation brachte und die anderen etwas über meine Einschränkung erfuhren:

Heiße Katy, kann nicht sprechen!

Levi nickte überrascht und fügte hinzu: „Glaub ja nicht, dass ich mich deshalb woanders hinsetze." Er zwinkerte mir zu. Ich verstand das, was er gesagt hatte, einfach mal als ein positives Zeichen und lächelte schüchtern. In meinem Innersten überlegte ich, was Levi nun wohl über mich dachte. Allerdings hatte ich dazu nicht wahnsinnig viel Zeit, denn einen Augenblick später kamen die restlichen Schüler mit einem Lehrer in den Raum.

Kapitel 4

Katy

Ich ging mittlerweile schon vier Wochen zur Schule. Mir gefiel es gut dort, was vielleicht daran lag, dass Levi darauf bestand, sich in fast alle Kurse einzutragen, die auch ich ausgewählt hatte. Ich hatte nichts dagegen. Und außer Levi hatte noch keiner aus meinen Kursen einen Kommentar darüber verloren, warum ich nie sprach. Darüber war ich sehr dankbar und es half mir sehr anzukommen.

Levi und ich hatten uns – meinen ersten Schultag mit eingerechnet - erst zweimal unterhalten- sofern man diese Art von Kommunikation Unterhaltung nennen konnte. Ich hatte ihm zwei Fragen schriftlich beantwortet und viel mehr war bisher leider noch nicht zwischen uns gelaufen. Ich hätte gerne ein normales Gespräch ohne Stift und Papier geführt, denn – ich musste zugeben- ich fand ihn schon ziemlich süß. Jedoch gestaltete sich so eine Stift-Papier-Unterhaltung alles andere als einfach und verlief eher stockend.

Eines Morgens saßen wir nebeneinander hinter unserem Holztisch auf den gelben Stühlen in der letzten Reihe und wiederholten - jeder für sich- alte Spanischvokabeln, denn wir kamen meistens beide eine halbe Stunde vor Unterrichtsbeginn. Manchmal wunderte ich mich über diesen Zufall schon, dachte jedoch nicht weiter darüber nach.

Es war sehr still im Kursraum, denn wir waren die einzigen Schüler, die sich schon darin befanden.

Auf einmal hörte ich, dass Levi eine Ecke einer Heftseite abriss und etwas darauf schrieb. Ich ließ mich nicht weiter davon beirren und versuchte mir eine weitere Vokabel einzuprägen. Doch als er mir diesem Zettel langsam auf meine Tischhälfte schob, hatte ich das Gefühl, alle Vokabeln, die ich jemals in meinem Leben gelernt hatte, fielen ganz plötzlich aus meinem Kopf heraus. Auf dem Zettel stand eine Handynummer! Nein! SEINE Nummer mit seinem Namen.- Den ungewöhnlichsten Namen, den ich je gesehen und gehört hatte! Levi Paul Peter Berry.

Ich schaute ihm in seine kristallblauen großen Augen und lächelte ihn dankend und zugleich glücklich an. Nachrichten per Handy schreiben, das war meine Lösung! Ich fragte mich, warum ich ihm nicht schon längst meine Nummer gegeben hatte, so gut wie er aussah.

***

An diesem sonnigen Spätnachmittag setzte ich mich auf eine Liege im Garten und schrieb Levi die erste Nachricht, die aus zwei spektakulären Buchstaben bestand:

Ich: Hi

Wenige Sekunden, nachdem ich die Nachricht gesendet hatte, kam schon eine Antwort von Levi und ich hatte sofort die Vermutung, dass Levi bereits den ganzen Nachmittag auf eine Nachricht von mir wartete und bei diesem Gedanken spürte ich ein Kribbeln im Bauch.

Levi: Hi! Wie geht es dir? Wo wohnst du?

Ich: Gut und dir? Berkeley Street.

Levi: Mir auch. Warum genau kannst du eigentlich nicht sprechen?

Ich: Ich habe eine Krankheit (Mutismus). Du kannst sie ja mal googeln.

Levi: Werde ich jetzt auch machen.

Das Wort ‚online' unter seinem Namen verschwand augenblicklich.

Ich wartete fünf Minuten. Zehn Minuten. Fünfzehn Minuten. Und ich wurde immer ungeduldiger. Ich fragte mich, ob Levi jetzt nichts mehr mit mir zu tun haben wollte, weil er so schlimme Dinge über Mutismus im Internet gelesen hatte.

Ich kaute ungeduldig auf meiner Unterlippe herum, merkte es jedoch erst, als ich einen leicht metallischen Blutgeschmack schmeckte. Ich starrte so intensiv auf mein Handy, als könnte ich eine Antwort heraufbeschwören. Aber: Nichts!

Plötzlich hielt ich es mit dem Gedanken, er könnte nichts mehr mit mir zu tun haben wollen, nicht mehr aus. War es etwa ein Fehler, auf diesen Kontakt eingegangen zu sein? War die Angst vor einer Enttäuschung, die Angst, nicht akzeptiert zu werden, in mir zu groß? Ich konnte doch nichts für meine dämliche Sprachbarriere! Ich sprang von der Liege auf, schmiss mein Handy neben mir ins Gras und lief mit Tränen in den Augen ins Badezimmer. Ich sperrte die Tür hinter mir zu und ließ mich langsam auf den weichen Teppichboden sacken. Die Tränen brannten auf meiner Haut, was ich immer weniger wahrnahm, denn ich heulte mich ziemlich lange aus. Ich dachte zwar, als ich mich langsam beruhigt hatte und das Bad verließ, dass nur ein paar Minuten vergangen waren, die ich mit Heulen und Frust ablassen verbracht hatte, doch als ich mein Handy im Garten holen wollte, war ich sehr erschrocken, da es draußen schon langsam dämmerte. Mir wurde bewusst, dass ich noch nie mit einer Situation dieser Art konfrontiert worden war.

Wenig später, als ich im schummrigen Licht mein Handy im Gras gefunden hatte, hielt ich den Atem an. Levi hatte geschrieben! Noch nie hatte ich einen richtigen Chatpartner und schon gar keinen, der bereit war, meine Krankheit zu googeln.

Mir fiel ein Stein vom Herzen, als ich Levis Nachricht öffnete und gespannt las.

Levi: Hey, Katy! Du bist ein so hübsches Mädchen und hast es wirklich nicht verdient, so eine Krankheit zu haben. Ich bin jetzt super informiert über Mutismus. Du tust mir leid. Aber du bist kein hoffnungsloser Fall. Weißt du eigentlich, dass viele Mutismus-Patienten erst in oder nach der Pubertät anfangen zu sprechen?

Ich freute mich sehr über diese Nachricht, insbesondere fühlte ich mich echt geschmeichelt. Noch nie hatte ich von einem Jungen ein derartig tolles Kompliment bekommen. Aber insgeheim fürchtete ich auch, ich könnte vielleicht doch ein hoffnungsloser Fall sein. Zumindest spürte ich einen deutlichen Erwartungsdruck, denn würde ich nicht in nächster Zeit anfangen zu sprechen, würde mich Levi vielleicht doch als hoffnungslosen Fall abhaken. Ich atmete tief aus und versuchte, diesen Druck von mir zu schieben, um zu antworten.

Ich: Danke für das Kompliment. Wir werden sehen, wie es mit dem Sprechen wird. Tee trinken und abwarten ist da das beste Motto. Hast du vor deiner Recherche gedacht, dass ich ein hoffnungsloser Fall sei?

Levi: Nein! So viel habe ich mir gar nicht gedacht.

Mir hatte noch nie ein Junge so ein süßes Kompliment gemacht und ich hatte das Gefühl, ich stand ein wenig neben mir, denn Schmetterlinge schienen, durch meinen Magen zu flattern und dieses neue Gefühl irritierte mich.

Ich: Okay, da bin ich aber beruhigt. Danke für das Kompliment. Ich muss jetzt leider Schluss machen, denn ich gehe jetzt ins Bett.

Levi: Jetzt schon?

Ich blickte auf meine Uhr und fragte mich, warum Levi so überrascht fragte.

Ich: Es ist schon nach 10. Wir haben morgen Schule.

Levi: Gute Nacht.

Ich vermutete, dass er wahrscheinlich die Zeit vergessen hatte oder gerne ziemlich spät ins Bett ging.

Ich: Gute Nacht.

Ich hätte nie gedacht, dass ich mal mit einem Jungen so offen und locker schreiben könnte. Vor allem hätte ich auch nie gedacht, dass überhaupt ein Junge mit mir schreiben wollte.

***

Am nächsten Morgen in der Schule sprachen wir zwar nicht miteinander, allerdings tauschten wir während des Unterrichts öfters als sonst einen Blick aus und ich spürte ein leichtes Kribbeln in den Fingerspitzen und Zehen.

„Hey, Katy! Wir schreiben uns, oder?" Er lief hinter mir her, als ich aus der Tür der Schule spazierte. Er sprach das erste Mal meinen Namen aus und ich wünschte mir augenblicklich, dass er das noch zehn weitere Male tun könnte. Er klang so vertraut. Auf seine Frage antwortete ich ihm mit einem Nicken und meinem charmantesten Grinsen, denn als ich ihm in seine süßen blauen Augen sah, wurde mir ganz warm im Gesicht und hoffte, dass Levi dies nicht als Rötung wahrnehmen konnte. Halleluja, dieses Gefühl kam einfach so über mich!

Wortlos gingen wir zusammen zum Fahrradständer und stiegen beide auf unsere Fahrräder. Nach einem kurzen Blickaustausch trennten sich unsere Wege.

Nach fünfzehn Minuten Fahrt durch die Stadt und über die Brücke des breiten Mississippi-River, die ich nur wie in Trance wahrnahm, erreichte ich mein zu Hause. Das noch nie zuvor erlebte Gefühl von vorhin, vernebelte mir immer noch all meine Sinne. Es besserte sich erst, als ich die selbstgebackene Pizza meiner Mutter mit einem Heißhunger verschlang. Danach ging ich in mein Zimmer, das mittlerweile fertig eingerichtet war. Dort setzte ich mich auf mein Bett, nahm mein Handy aus der Hosentasche und öffnete die Nachricht von Levi, die während des Mittagessens angekommen war. Ich hätte sie am liebsten sofort geöffnet, jedoch hatten meine Eltern die Regel eingeführt, bei Familienmahlzeiten kein Handy verwenden zu dürfen.

Levi: Hi ☺ Wie geht's?

Ich: Gut ☺! Und dir?

Levi: Mir auch. Sag mal, hast du eigentlich etwas, das du leidenschaftlich gern tust?

Ich: Gitarre spielen. Und du?

Levi: Singen. Passt doch, oder?

Ich: Wenn du meinst?!

Levi: Ja, das hat beides etwas mit Musik zu tun. Mir kommt da gerade so eine Idee.

Meine Augenbrauen wanderten automatisch nach oben.

Ich: Ja? Welche?

Jetzt wurde ich neugierig und richtete mich direkt etwas auf.

Levi: Ach, nein. Ist egal.

Ich ließ augenblicklich meine Schultern fallen. Wieso wollte er mir die Idee nicht mehr sagen? So schnell gab ich nicht auf.

Ich: Doch, schreib, was du für eine Idee hast!

Levi: Naja, ich bin mir nicht sicher, ob dich meine Idee kränkt. Ich fände es schon echt toll, wenn wir zusammen einen Song aufnehmen würden. Was hältst du von der Idee. Sag es aber bitte ehrlich.

Ich: Fände ich super. Aber ich verstehe nicht, warum mich diese Idee kränken sollte.

Levi: Denk doch mal nach! Du kannst nicht singen. Ich stelle es mir nicht so toll vor, wenn jemand singt und man selber kann kein einziges Wort sagen.

Daran hatte ich überhaupt nicht gedacht. Ich fand die Idee toll, weil wir uns dann privat sehen würden und nicht nur in der Schule. Aber das wollte ich natürlich Levi nicht sagen. Ich fügte deshalb lieber etwas anderes hinzu.

Ich: Wir könnten einen Stück von mir nehmen.

Levi: Du schreibst selber?

Ich musste stolz grinsen.

Ich: Allerdings.

Levi: Das ist ja cool.

Levi konnte natürlich nicht wissen, dass es nur Stücke waren ohne Songtexte, aber ich beschloss, ihm das auch nicht zu sagen, sondern kurzerhand für eines meiner Lieblingsmelodien einen Songtext zu schreiben. Der Kontakt mit Levi beflügelte mich so, dass bereits die ersten Songtext-Ideen in meinem Kopf kursierten. Aber das sollte eine Überraschung bleiben und ich behalf mir, ganz gegen meine eigentliche Art, eine Notlüge zu benutzen und schrieb:

Ich: Ich muss jetzt Schluss machen, weil ich gleich einen Arzttermin habe!

Levi: Okay, kein Problem. Auf bald!

Ich ging zu meinem Schreibtisch, setzte mich auf meinen rosa Schreibtischsessel und begann mir ein Songtext auszudenken und ihn auf Papier zu bringen.

NOW

Be a human in the now

We could cry now

But it dose't help us

So be now

In the now

A human in the now

I'm happy with you

I'm the happiest human

Without crying despite the situation

So be now

In the now

A human now

Let the birds fly

In love only now

I'm a happy one despite all

So be now

In the now

Mir fiel es nicht leicht einen Songtext zu schreiben, dennoch bemerkte ich, wie viel Freude mir das bereitete. Nachdem ich das letzte Wort geschrieben hatte, ließ ich mein Stift auf meinem Schreibtisch plumpsen und rannte in den Garten. Dort legte ich mich erleichtert ins Gras und war sehr stolz auf mich, einen grandiosen Songtext zu Papier gebracht zu haben. Allerdings war ich auch gleichzeitig unsicher, ob ich Levi diesen Songtext zeigen könnte. Wir kannten uns noch nicht so lange und ich vermutete, es wäre übereilt, ihm einen Text zu geben, der über uns handelte und in dem es direkt über einen Heiratsbrauch ging. Ich hatte dieses Wort ja nur in meinen Songtext mit eingebaut, weil es dadurch so schön rund klang.

Nach kurzem Überlegen hatte ich eine Idee und setzte mich auf und zückte mein Handy aus meiner Hosentasche. Wieder öffnete ich unseren Chat.

Ich: Sag mal, wann hast du eigentlich Geburtstag?

Ich hoffte nämlich, dass er in ein paar Wochen Geburtstag hatte und dass es dann ein besserer Zeitpunkt wäre, ihm diesen Text zu geben beziehungsweise zu schenken, weil wir uns dann schon ein wenig besser kannten. So hoffte ich zumindest.

Und tatsächlich, wenig später erhielt ich eine Antwort von Levi.

Levi: 15. November, und du?

Katy: 1. Dezember

Levi: Gut zu wissen…

Ich musste ein bisschen schmunzeln und dachte mir: Wenn er nur wüsste…

Kapitel 5

Katy

Es waren schon einige Wochen seit dem Tag vergangen, an dem ich mein Lied geschrieben hatte und Levi und ich schrieben uns fast täglich, was mir ein unbeschreiblich schönes Gefühl von Selbstvertrauen gab. Dieses Gefühl machte mich Stück für Stück erwachsener, so hatte ich zumindest den Eindruck.

An einem Samstagabend schrieben wir uns schon wieder und ich war bester Laune.

Levi: Hi, Katy!

Ich: Hi!

Levi: Sag mal, hast du Lust, mit mir morgen ins Kino zu gehen?

Bei dieser Frage machte mein Herz einen kleinen Hüpfer und meine Laune steigerte sich auf das Maximum.

Ich: Vielleicht ☺!

Ich war sehr überrascht, dass er mich das fragte. Es war für mich überhaupt ein Riesenerfolg hier in New Orleans, einen Chatpartner oder besser gesagt, einen Freund gefunden zu haben. Ich hatte nicht erwartet, in meinem Leben einmal so weit zu kommen, dass mich ein Junge fragt, ob ich Lust hätte mit ihm ins Kino zu gehen. Deshalb antwortete ich auch erstmal mit einem ‚Vielleicht‘, weil ich so positiv überwältigt war.

Levi: Ja oder nein?

Ich musste schlucken. Irgendwie fühlte ich mich noch nicht dazu bereit, mit ihm auf ein *Date* zu gehen. Ich wollte mir aber dennoch nicht vorstellen, auf kein Date zu gehen und seine Frage mit nein zu beatworten. Zumal es mein erstes Date sein würde und ich unglaublich neugierig war, so etwas endlich zu erleben. Ich wettete, dass jedes Mädchen spätestens in meinem Alter schon mal auf einem Date war. Wobei man aber auch erwähnen musste, dass nicht jedes Mädchen Mutismus hatte.

Ich: Vielleicht.

Levi: Du musst dich schon entscheiden…

Mir machte es Spaß, die endgültige Antwort hinauszuzögern, obwohl ich die Antwort insgeheim schon wusste.

Levi: Come on! Sag schon!

Ich: Ja!

Jetzt war es raus. Ich würde auf ein Date mit Levi gehen. Mein erstes Date meines Lebens. Wie aufregend!

Levi: Na endlich!

Ich: Wann denn?

Levi: Morgen um 3 Uhr vor dem Kino in der Innenstadt?

Ich: OK.

Levi: Ich freu mich.

Ich: Ich mich auch schon.

Ich hatte nicht daran gedacht, dass meine Eltern noch nichts von Levi wussten. Ich musste ihnen also noch heute von ihm erzählen.

Ich ging zu ihnen und lehnte mich lässig gegen den Wohnzimmer-Türrahmen, so dass ich meine Eltern gut sehen konnten, die beide mit ihren Laptops auf dem Sofa saßen und arbeiteten. Ich gebärdete ihnen, dass ich morgen gerne ins Kino gehen wollte.

„Gehst du ganz allein?", fragte meine Mutter, die verwundert zu mir hoch sah.

Ich erzählte ihnen mit der Gebärdensprache, dass ich morgen um fünfzehn Uhr mit einem Jungen, der Levi hieß, ins Kino gehen wollte.

Nachdem ich das letzte Wort gebärdet hatte und sie begriffen hatten, was ich meinte, musste ich schmunzeln, denn sie waren eindeutig überrascht über meine erste Verabredung und schauten sich sichtlich verdattert gegenseitig kurz an. Aber ich musste ja irgendwann damit anfangen, ihnen zu signalisieren, dass ich bald siebzehn Jahre alt würde. In dem Alter war es schließlich nichts Ungewöhnliches sich mal zu verknallen. Und das hieß ja noch lange nicht, dass aus dieser Verabredung mehr werden würde, was ich aber insgeheim sehr hoffte.

Sie saßen wie versteinert da und starrten fassungslos dann wieder in meine Richtung. Schließlich fügte meine Mutter perplex hinzu: „Ja also, Katy…das ist uns eigentlich nicht so recht. Du kennst bestimmt diesen Levi auch nicht so gut. Wieso hast du uns eigentlich auch nicht erzählt, dass du offensichtlich Kontakt geknüpft hast? Ja also…wie du siehst…sind wir ziemlich überrascht, denn wir sind das nicht gewöhnt, dass du einen Freund hast. Glaubst du nicht, dass es besser wäre, wenn einer von uns mit ins Kino kommen würde, also so für den Anfang. Du hast ja auch nicht so viel Erfahrung mit Jungs, äh, Gleichaltrigen mein ich natürlich?! Du sollst nichts überstürzen. Bestimmt kann dieser Levi auch nicht die Gebärdensprache."

Sie machte sich wieder zu viele Gedanken und ich war geschockt, dass sie es tatsächlich in Erwägung zog, mit ins Kino zu kommen. Also das ging so gar nicht! Super peinlich. Ich musste ihr das irgendwie ausreden. Ich war wirklich wütend, dass meine Eltern mich nicht für kompetent genug hielten, mit einem Jungen ins Kino zu gehen! Irgendwann war immer das erste Mal. Da brauchte man keine Unterstützung für den Anfang. Außerdem war er noch nicht mal *mein Freund*. Er war nur meine ‚Bekanntschaft' bisher. Ich hoffte natürlich innerlich, dass sich aus der Bekanntschaft mehr entwickelte. Aber das musste ich ja nicht gleich meinen Eltern mitteilen. Nachher würde ich sonst noch Aufklärungsunterricht von ihnen bekommen, was ich definitiv nicht bezwecken wollte.

Ich ging zum Sofa und ließ mich darauf plumpsen.

Ich gebärdete meinen Eltern schnell, sodass meine Hände nur so in der Luft herumflogen und gab ihnen zu verstehen: Ich finde eure Reaktion eindeutig übertrieben und ihr seid echt peinlich, wenn ihr mit ins Kino kommen würdet.

Meine Hände beruhigten sich wieder und sie fielen erschöpft in meinen Schoß. Ich schaute meine Eltern erwartungsvoll an und hoffte, dass ich sie mit meinem kurzen Widersprechen überzeugen konnte.

Allerdings blieben sie felsenfest bei ihrer Meinung und ich meinte, dass ich dann eben nicht ins Kino gehen würde.

Den Kompromiss, dass einer meiner Eltern mitkommen würde, wollte ich nie im Leben eingehen.

Ich stampfte wütend in mein Zimmer und biss missmutig auf meiner Lippe herum, sodass sie nach einiger Zeit anfing zu bluten. Absagen war absolut keine Option. Ich wollte Levi nicht enttäuschen.

Jedoch wusste ich auch nicht weiter und sagte schweren Herzens ab.

Ich: Sorry, aber ich muss leider absagen. Tut mir wirklich leid. Bis bald, Katy.

Ich wollte es nicht wahrhaben, nicht zu der Verabredung kommen zu können wegen meinen

Eltern. Also fiel mir wenig später ein dreister Plan ein. Ich könnte meinen Eltern eine Lüge auftischen und heimlich mit Levi ins Kino gehen. Ich war auch ziemlich sicher, dass für meine Eltern das Thema abgeschlossen war und sie keinen Verdacht schöpfen würden, wenn ich ihnen erzählen würde, in die Schule an einem Freiwilligenlernkurs teilzunehmen. Stattdessen würde ich mich natürlich mit Levi treffen. Ich beschloss, diesen Plan am nächsten Tag durchzuführen. Dafür musste ich aber noch schleunigst die Nachricht löschen, was aber zu spät war, denn Levi hatte mir ungünstiger Weise schon geantwortet.

Levi: Ich mag deinen Sinn für Humor. Bis morgen.

Das durfte doch nicht wahr sein! Levi dachte wirklich ich würde Witze machen. Er zog es sogar ernsthaft nicht in Betracht, dass ich absagen könnte. Was hätte er gemacht, beziehungsweise darauf reagiert, wenn ich durch meinen Plan sein Spielchen nicht hätte mitspielen können? Egal, das Wichtigste war doch zur Verabredung zu können.

Ich: Haha, bis morgen.

Die Zeit bis zu der Verabredung verging so langsam vorbei, als würde Schneckenschleim auf der Zeitleiste kleben. Ich starrte immer wieder auf die Uhr und hoffte, dass endlich Abend war. Um sechs Uhr hüpfte ich einmal kräftig auf und ab wie ein Flummi und legte mich schlafen. Seit ich das erste Mal auf Levi traf, hatte ich das Gefühl einen kleinen Mann im Ohr zu haben, was ihm ja offensichtlich gefiel oder nicht auffiel. Ich begründete mir dieses Gefühl mit den Glückshormonen durchs verknallt sein und der Alltagsumstellung. Durch das frühe Zubettgehen versuchte ich, meine Ungeduld für das bevorstehende Ereignis zu überlisten. Allerdings fürchtete ich, sehr früh am Morgen wach zu werden. Zu meiner Erleichterung war es jedoch nicht so. Ich wachte um vierzehn Uhr auf und wusste, dass ich mich beeilen musste, denn ich hatte meinen Eltern noch nicht von den angeblichen Planänderungen mit dem Freiwilligenlernkurs erzählt und ich sollte schon in einer Stunde vor dem Kino stehen.

Im Badezimmer drückte ich ordentlich auf die Tube, um nicht wüst und ungepflegt zu erscheinen. Nach dem Duschen warf ich mir mein fliederfarbenes Sommerkleid über, welches meine Körperfigur betonte. Ich rannte nach unten und gab meinen Eltern Bescheid, dass ich gleich einen Freiwilligenlernkurs an der Schule besuchen würde. Sie freuten sich, dass ich sogar sonntags freiwillig in die Schule gehen wollte. Also schnappte ich mir mein Fahrrad aus dem Garten und fuhr zum Kino. Ich stellte mein Fahrrad vor dem Kino in den Fahrradständer und schloss es ab. Dabei spürte ich wie meine Hände langsam feucht wurden. Auf einmal war mir klar: Ich war aufgeregt und wie, wenn ich nur an Levi dachte! Allein schon der Gedanke gleich Levi zu treffen, machte mich regelrecht verrückt und ließ mich richtig schwitzen.

Ich ging zu der Eingangstür des Kinos und stellte mich mit dem Rücken zur Wand, sodass ich einen guten Überblick über den ganzen Platz hatte, auf dem das Kinogebäude stand. Ich blickte in die Menschenmenge und sah Levi, der zu Fuß auf mich zukam. Als er sich kurz darauf zu mir durch die Menschenmenge gedrängelt hatte, meinte er zur Begrüßung: „Ich bin mal so frei."

Ich fragte mich, was er damit meinte und erfuhr es einen Augenblick später, als er mich ganz plötzlich umarmte. Ich war so perplex über seine Geste, dass ich stocksteif wurde. Ich wollte mich unbedingt aus der unerwarteten Situation befreien und gab Levi notgedrungen einen kleinen Kuss auf die Wange, denn er löste darauf überrascht die Umarmung auf, in dem er zurückschreckte. Ich drehte mich blitzschnell in Richtung Eingang, nahm den immer noch verdatterten Levi an die Hand und zog ihn ins Kino.

Keine fünf Minuten später waren die Kinokarten und das Popcorn bezahlt und wir saßen auf unseren Kinosesseln. Ich ärgerte mich insgeheim, dass ich nicht wie ein normaler Mensch auf Levis Umarmung reagiert hatte, die eindeutig ein Ich-hab-dich-gern-Zeichen gewesen war. Ich hoffte, dass Levi meine Verlegenheit nicht aufgefallen war.

Ich schaute Levi von der Seite, der meinen Blick bemerkte und mir daraufhin in meine Augen schaute und lächelte, an. Es war ein Lächeln, das mich automatisch zurücklächeln ließ.

„Sag mal, warum hattest du es vorhin auf einem Mal so eilig ins Kino zu kommen?"

Um Levi eine Antwort geben zu können, kramte ich mein Handy aus meinem Rucksack.

Ich: Das weiß ich selber nicht! Jedenfalls freue ich mich darauf, wenn wir uns beim nächsten Mal wieder so begrüßen. OK?

Er liest die Nachricht kurz durch und runzelt seine normalerweise glatte Stirn.

„Ja, gern. Aber ich verstehe, dann deine Eile von vorhin trotzdem nicht."

Ich: Ach, vergiss es. Der Film geht gleich los.

Ich war froh, dass Levi den ‚Not Kuss', den ich ihm gegeben hatte, nicht als diesen war genommen hatte, denn er hatte diese Umarmung ja nur nett gemeint und wäre bestimmt sehr sauer gewesen, wenn er den eigentlichen Hintergrund des Kusses wüsste.

Nachdem ich den Notkuss-Gedanken verdrängt hatte, denn ich wünschte, es wäre ein richtig bewusster Kuss gewesen, begann der Film und ich war einfach nur überglücklich schlussendlich mit Levi im Kino zu sitzen und blickte ihn heimlich verliebt an und ich wünschte, die Zeit anhalten zu können.

Kapitel 6

Katy

„Hey Katy! Wach auf!" Ich hörte Levis Stimme, blinzelte mit den Augen und sah ihn wütend vor mir stehen.

„Hey Katy! Bist du jetzt endlich wach? Wir sind eingeschlafen! Im Kino. Alle anderen Leute sind schon längst weg. Wir sind alleine hier und der Film ist auch schon längst vorbei.", teilte Levi mir aufgebracht mit.

Ich begriff langsam die Situation. Allerdings fragte ich mich, warum Levi diese Vorkommnisse so dramatisch fand. Es war ja nicht schlimm, wenn man bei einem Film einschläft. Ich stand verschlafen auf, sah Levi fragend an und zuckte mit den Schultern.

„Meine Güte, Katy! Weißt du nicht *wie* wir eingeschlafen sind?" Er schlug sich mit seiner echten Hand gegen seine Stirn.

Ich schüttelte ahnungslos meinen Kopf.

„Das kann doch nicht sein. Du sahst auf meinem Schoß und wir haben uns total krass umarmt!“

Ich wusste nicht, was das hier alles sollte. Ich stand perplex vor ihm und war überfordert. Überfordert mit dem, was diese Situation von mir verlangte. Hier aus diesem Missverständnis wieder herauszukommen, war nur mit Sprechen möglich. Ich konnte mich an nichts mehr erinnern.

„Als ich aufgewacht bin, habe ich mich total erschrocken und habe dich von meinem Schoß runter gehoben und dich sofort geweckt. Katy, warum hast du sowas gemacht?“

Ich hatte das Gefühl, dass ich mein Herz zusammenziehen würde. Mir wurde ganz schlecht und ich hatte Tränen in den Augen. Warum stellte mir dieser Typ, den ich so verständnisvoll für meinen Mutismus kennengelernt hatte nun Fragen. *Warum machst du so etwas?* Mir hallten seine Worte im Kopf nach und mein Verstand antwortete wie von selbst darauf: *Ich mache nicht wahnsinnig viel, weil ich mich nicht zu vielem traue aus Angst vor ungeklärten Konsequenzen durch meinen Mutismus. Ich kann nichts klären, nichts erklären. Deshalb halte ich mich zurück mit dem, was ich sage oder mache, um nicht in Situationen zu kommen, die für mich unbestreitbar sind.*

Mir hätte klar sein sollen, dass ich in solch eine Situation bei einem Date schneller kommen hätte können, als bei einem Nachmittag allein oder mit meinen Eltern. Ich wusste mir nicht zu helfen. Ich wusste nicht, wie ich Levi beibringen sollte, dass meine Erinnerungen bei Filmbeginn endeten. Ich schnappte mir mit zittrigen Händen meinen Rucksack, lief aus dem Kino zu meinem Fahrrad. Ich schloss weinend mein Fahrradschloss auf und fuhr verzweifelt nach Hause. Vor meiner Haustür wischte ich mir schnell alle Tränen vom Gesicht und klingelte. Meine Mutter öffnete die Tür und fragte: „Na, Katy, wie war der Kurs?"

Oh Gott, auch das noch, ich hatte ganz vergessen, dass ich offiziell in der Schule gewesen war.

Ich gebärdete einfach, um schnell in mein Zimmer zu kommen: Zu langweilig, um davon zu erzählen.

Ich quetschte mich schnell mit einem gequälten Lächeln auf den Lippen an meiner Mutter vorbei ins Haus. Ich hatte auf einmal stechende Kopfschmerzen und rannte so schnell in ein Zimmer, als hätte mich eine Tarantel gestochen. Ich schlug kräftig mit der Hand auf die Matratze meines Bettes, denn ich war sehr wütend auf Levi, denn er dachte, ich hätte mich heimlich an ihn herangekuschelt, während er geschlafen hatte. Dann legte ich mich erschöpft auf mein Bett. Ich war so sauer und traurig zu gleich, sodass ich das ganze Universum verfluchen hätte können, weil ich das Gefühl hatte, dass eine wunderbare Freundschaft mit einem Jungen, die im Begriff war zu wachsen und noch intensiver zu werden, gerade zu Bruch gegangen war. Ich sprang wenig später von meiner weichen Matratze wieder auf, denn ich beschloss kurzer Hand, erst mal ein Beruhigungsbad zu nehmen. Also ging ich ins Badezimmer, schloss den Stöpsel des Badewannenabflusses und drehte den Wasserhahn der an. Währenddessen zog ich mich aus und legte meine Klamotten auf die Kommode neben dem Waschbecken. Als die Badewanne vollgelaufen war, nahm ich aus dem Korb neben der Badewanne ein Badesalztütchen, wo draufstand: **Ruhige Momente.**

Das konnte ich gut brauchen, dachte im mir, während ich die Tüte öffnete und den Inhalt in mein Badewasser gab. Ich legte die leere Tüte zurück in den Korb und stieg in das warme Badewasser. Um meinen Körper breitete sich eine wohlige Wärme aus und mir stieg der leckere Duft des Badesalzes in die Nase, der nach Frühlingsblumen roch. Ich schloss die Augen und war mir sicher, erst einmal nicht an Levi und die seltsamen Vorkommnisse zu denken.

***

Nach meinem Bad ging ich abgetrocknet und wieder angezogen in mein Zimmer. Mein Blick fiel auf das Blattpapier, wo mein Song *Now* draufstand, dass auf meinem Schreibtisch lag und im selben Moment musste ich an Levi denken, denn der Song sollte ein Geburtstagsgeschenk für ihn sein. Die Idee konnte ich aber knicken, wenn wir uns nicht wieder vertragen würden. Ich hatte das Bedürfnis mich bei Levi zu entschuldigen, auch wenn ich mich nicht erinnern konnte, wie wir im Kino eingeschlafen waren. Ich verspürte Sehnsucht nach Levi in meinem Innersten, was mir noch nie passiert war. Seine Nähe zu spüren, machte regelrecht süchtig. Also nahm ich mein Handy aus meiner Hosentasche und suchte Levi in meinen Kontakten. Zugern hätte ich ihn angerufen, denn ich fand, dass das Schreiben auf dem Smartphone kein Gespräch ersetzte. Allerdings blieb mir nichts anderes übrig, als meine Entschuldigung mühselig in mein Handy einzugeben.

59

Ich: Hey, Levi, ich kann mir vorstellen, dass du nichts von mir wissen möchtest. Aber ich wolle dir dennoch sagen, dass ich mich wirklich an nichts mehr erinnern kann und ich keine weiteren Absichten hatte. Du kannst mir das jetzt glauben oder auch nicht. Aber auf jeden Fall muss ich dir diese Worte schreiben: ES TUT MIR WIRKLICH LEID!!! Es war der Beginn einer Freundschaft und jetzt das… Das war wirklich nicht meine Intention, dass das Ganze schlussendlich so endet. Hab dich immer noch gerne und das wird auch so bleiben. Wenn ich ehrlich bin, habe ich sogar Sehnsucht nach dir. Ich könnte niemals meine erste einzige richtige Bekanntschaft in meinem Leben vergessen. Vergiss bitte nicht, dass du sie bist. Hoffentlich bis bald. Deine Katy

Ich las den digitalen Brief noch einmal durch und klickte, überzeugt von meinen Worten, auf ‚senden‘.

Ich hoffte so sehr, dass er mir glaubte und nicht allzu sehr sauer auf mich war, denn momentan schien es für mich, dass ich meine erste einzige Freundschaft verloren hatte, meine erste Freundschaft überhaupt und gleichzeitig meine erste Liebe, die in Begriff war zu wachsen. Das machte alles so kompliziert!

Und tatsächlich, noch am selben Tag erhielt ich eine Nachricht von Levi. Als ich die Nachricht auf meinem Handy entdeckte, saß ich an meinem Schreibtisch und versuchte Spanisch-Vokabeln zu lernen, um mich von meiner Traurigkeit abzulenken.

Ich öffnete gespannt die Nachricht.

Levi: Hey, Katy, ich glaube dir. Allerdings hätte ich bei jedem anderer Mensch noch eine Aussprache verlangt oder so etwas in die Richtung, denn das Geschehene wird ohne Aussprache immer zwischen den Menschen bleiben. Aber bei dir ist das irgendwie anders. Erstens eine Aussprache gestaltet sich etwas schwierig, wenn nur einer reden kann und zweitens finde ich, wir sollten einfach noch mal mit unserer Freundschaft von vorne anfangen. Ich habe einen Vorschlag: Wir verbleiben einfach mal mit der Vermutung, dass uns jemand KO-Tropen in unsere Getränke gemischt hat und wir uns deshalb an nichts mehr erinnern können. Allerdings bringt jetzt ein Bluttest auch nichts mehr, mit dem man hätte nachweisen können, ob dem so war, da es zu lange her ist. Außerdem wollte ich dich noch etwas fragen, was vielleicht als eine Art Neuanfang gelten könnte: Es gibt an unserer Schule einen Schulball. Ich wollte schon letztes

Jahr dort mitmachen, allerdings hatte ich keine passende Tanzpartnerin. Ich finde, dass du genau diese eine passende Tanzpartnerin sein könntest. Also schlage ich vor, dass wir uns dort beide anmelden und eben noch mal mit dem Kennenlernen von vorne beginnen!? Schreib bitte, was du von dieser Idee hältst. Levi

Ich war auf einmal richtig fröhlich und meine Traurigkeit war wie weggeblasen. Levi war nicht böse auf mich. Levi glaubt mir, dass ich mich an unseren missglückten Kinobesuch nicht mehr erinnern konnte. Das was das Beste, was mir heute hätte passieren können.

Ich beschloss direkt ihm überglücklich zu antworten.

Ich: Hey! Danke, dass du mir verziehen hast! Das bedeutet mir unglaublich viel. Du kannst dir nicht vorstellen, wie sehr mir gerade ein Stein vom Herzen gefallen ist, als du mir geschrieben hast. Ich dachte nämlich, alles, was ich mir hier in New Orleans aufgebaut hatte, wäre zerstört. Du musst wissen ich wohne noch nicht lange hier. Die Idee mit dem Tanzkurs finde ich übrigens richtig gut. Zumal ich eine Niete im Tanzen bin und dies schon lange ändern möchte.

Levi: Das bedeutet wir gehen gemeinsam auf dem Schulball?

Jetzt konnte ich wieder grinsen.

Ich: Ganz genau! Und sollte wirklich uns jemand KO-Tropfen ins Getränk gemischt haben, ist das echt krass. Jedoch können wir an der Sache nichts mehr ändern, außer uns für die Zukunft vornehmen, besser auf unsere Getränke zu achten. Schließlich wissen wir nun, dass diese Tropfen echt hartes Zeug sind.

Levi: Ach ja, mir wäre noch wichtig, dass niemand davon erfährt. Lässt sich das einrichten?

Ich: Aber klar doch!!! Das ist auch in meinem Sinne.

Kapitel 7
Katy

Die Türen des Buses gingen auf und ich trat nach draußen auf das Kopfsteinpflaster. In dieser Gegend von New Orleans war ich noch nie. Ich kannte mich dem entsprechend nicht aus. Zudem pochte mein Herz ziemlich fest in meiner Brust. Man hätte meinen können, es wollte herausspringen, aber ich musste jetzt hier durch. Ich würde gleich Levi treffen, denn hatte vorgeschlagen, dass ich zu ihm nach Hause kam, um dort unseren Neuanfang zu starten. Er hatte mich zum Kaffee und Kuchen eingeladen. Ich freute mich riesig, besonders nach unserem Vorfall im Kino. Jedoch war mir gleichzeitig mulmig zu mute. Mir war irgendwie schlecht und ich war mir nicht mehr sicher, ob ich Levi in die Augen schauen konnte, wo jetzt so ein ungewohnter Neuanfang zwischen uns stand. Ich versuchte, die negativen Gedanken aus meinem Kopf ins Weltall zu katapultieren und mich auf unser Widersehen zu freuen. Außerdem gab es Kaffee und Kuchen. Da konnte die Stimmung doch überhaupt nicht schlecht werden.

Ich ging schnell, denn ich war spät dran und wollte auf keinen Fall zu spät kommen. Ich lief an großen Häusern, in denen viele Menschen wohnen mussten, vorbei ins Neubaugebiet, wo Levi wohnte. Die Häuser waren sehr chic und groß. Ich lief die Felicia Street hinunter und zählte die Hausnummern. Zweitausendeinhundertelf…zweitausendeinhundertzwölf…zweitausendeinhundertdreizehn…- Endlich war ich da! Das Haus mit der Hausnummer zweitausendeinhundertdreizehn musste wohl das sein, in dem Levi wohnte. Die Holzfassade war einem freundlichen Gelbton gestrichen und die Fenster waren mit modernen Jalousien ausgestatte. Ich ging den gepflasterten Weg zur Eingangstür entlang und der Anblick der seitlich gepflanzten Lilien machte mir Mut, weiterzugehen. Eine Frau öffnete mir die Tür. Ich hatte mir bislang überhaupt keine Gedanken über das Problem gemacht, dass ich nicht sprechen konnte. Allerdings erübrigte sich das Problem von selbst, denn wenige Sekunden später erschien auch Levi in der Tür und sagte: „Hallo Katy. Komm rein. Mom, das ist Katy. Ich kenne sie aus der Schule."

Levi zeigte mir das Haus. Es war groß, freundlich eingerichtet und irgendwie gemütlich. Als wir in seinem Zimmer standen, erkannte ich sofort, dass er ein Skateboard Fan war, denn in seinem Regal standen fünf verschiedene Skateboards und dahinter hingen Bilder von Skateboard Profis. „Bitte setz dich. Ich habe Kuchen gebacken. Was willst du für einen? Ich habe eine Kirschtorte und eine Maulwurftorte.“

Ich war sehr überrascht, dass er für mich gebacken hatte und dann gleich zwei Kuchen! Außerdem fand ich es ziemlich unüblich für einen Jungen zu backen. Die meisten überließen dies klischeehafterweise den Mädchen.

Ich tippte auf beide Kuchen und er verstand gleich und fragte: „Du möchtest beide probieren?“

Ich nickte.

„Gut. Dann bekommst du von beiden ein Stück.“

Es muss lustig ausgesehen haben für einen Außenstehenden, wie wir beide auf Levis Sofa saßen und Kuchen aßen.

Es war unheimlich still in dem Zimmer während wir aßen. Tja, ich konnte schlecht irgendetwas sagen, geschweige denn ein Gespräch anfangen. Und er, er sagte auch nichts. Seltsam. Aber auch irgendwie gut. Ich hasste es nämlich ungemein, wenn jemand mit vollem Mund redete.

Ich hatte als Erste beide Kuchenstücke verspeist. Sie hatten echt köstlich geschmeckt und das wollte ich Levi auch mitteilen. Also nahm ich mir mein Handy und tippte ein.

Ich: Hey. Hat echt gut geschmeckt. Ich hätte niemals gedacht, dass du Kuchen backst. Was wollen wir jetzt machen?

Levi guckte auf das Display meines Handys und bemerkte, dass ich ihm schrieb. Er nahm daraufhin auch sein Handy zu Handy und las meine Nachricht.

Levi: Tja, hätte ich auch nicht gedacht. Ich überrasche mich eben manchmal selbst. Hast du Lust Wahrheit oder Pflicht zu spielen? Ist bestimmt ganz lustig. Was meinst du?

Ich: Finde ich gut, die Idee. Auch übers Handy?

Eigentlich mochte ich dieses Spiel nicht. Das lag vielleicht auch daran, dass das die Kinder in meiner kurzen Schulzeit gespielt hatten und mich dabei ausgeschlossen hatten. Unter anderem hatte es für mich einen kindlichen Touch. Aber egal.

Levi: Klar! Wie sonst….

Ich: Stimmt…

Levi: Gut, ich fange an. Wahrheit oder Pflicht?

Ich: Wahrheit.

Levi: Ok, lass mich mal überlegen. Hast du einen Spitznamen?

Ich: Ja, schon. Meine Eltern haben mich früher *Katy-Baby* genannt.

Levi: Haha, wie lustig. Naja gut, früher warst du ja noch klein. Katy-Baby, jetzt darfst du fragen.

Ich: Wahrheit oder Pflicht, Levi-Baby?

Ich musste schmunzeln und als sich unsere Blicke trafen, konnte ich eine angenehme Gänsehaut verspüren.

Levi: He, ich bin kein Baby. Pflicht.

Ich: Poste ein Bild deiner Füße in deiner Story bei Instagram.

Ich musste innerlich ziemlich grinsen, versuchte es aber nicht zu sehr zu zeigen, um nicht gehässig zu wirken.

Levi: Nicht dein Ernst!

Ich: Doch klar. Du bist ja auch schließlich selber schuld, wenn du Pflicht nimmst.

Levi: Für alle Leute, die einen Fußfetisch haben oder was?

Ich zuckte amüsiert mit den Schultern und merkte, wie sehr mir dieses Spiel doch gefiel. Die Stimmung war echt total anders zwischen uns, als wie ich es befürchtet hatte. Sie war irgendwie total schön und locker und ich hatte das Gefühl, dass sich eine Grenze zwischen uns langsam auflöste. Die Stimmung zwischen uns fühlte sich bedeutungsvoller an, als vor dem Date im Kino. Wie ein Neuanfang eben.

****

Zweimal in der Woche nach der Schule hatten Levi und ich Training und Vorbereitung auf den Schulball. Drei Wochen lang ging das. Es war eine super tolle Zeit und die mysteriösen Vorkommnisse im Kino gehörten endgültig der Vergangenheit an. Nach dem Training gingen wir häufig noch zu ihm nach Hause. Allerdings wollte er eines Tages nach dem Tanztraining wissen, ob er auch mal mein Zuhause sehen dürfte.

Levi: Das Training war dieses Mal echt wieder toll und es macht so viel Spaß mit dir. Ich würde auch super gerne sehen, wie du wohnst…

Seine Idee fand ich gut, zumal ich auch gerne unser Haus präsentieren wollte. Mir gefiel es nämlich wirklich gut und es fühlte sich so an, als würde ich dort schon mein Leben lang wohnen.

Ich: Dann komm doch mit nach Hause.

Ein wunderschönes Lächeln breitete sich auf seinen Lippen aus und ich hätte es am liebsten eingefroren, um es immer wieder ansehen zu können.

Levi: Oh wie schön… spontane Katy

Ich: Aber sei dir nicht zu sicher, dass dir mein Zimmer gefällt. Es ist nicht aufgeräumt.

Levi: Ach das ist mir egal. Wenn du wüsstest, wie mein Zimmer manchmal aussieht.

Ich: Hahaha…! Gut komm. Wir fahren mit dem Bus.

Ich ging mit Levi zur Bushaltestelle und freute mich, dass er auch mit zu mir kam. Wir mussten nicht lange warten und da fuhr schon unser Bus an den Straßenrand, sodass wir einsteigen konnten.

Im Bus schrieb ich kurz meinen Eltern, dass ich Levi mit nach Hause bringen würde.

Ich: Ich komme mit Levi nach Hause. Wir haben etwas Hunger. Könntest du noch etwas kochen?

Keine zwei Minuten später erhielt ich eine Antwort von meiner Mutter. Offensichtlich befand sie sich in der Nähe ihres Handys und bekam sofort mit, wenn eine Nachricht auf ihrem Handy eintraf.

Mrs. Olivia Oram: Ja, kein Problem. Ich freue mich, dass er kommt. Und noch mehr freue ich mich, dass du hier in New Orleans so gut Anschluss gefunden hast. Ich habe gerade frische Amerikaner gebacken. Wenn ihr wollt, könnt ihr welche essen. Oder soll ich euch etwas Warmes kochen?

Sie machte sich schon wieder so viele Gedanken, was mir tierisch auf die Nerven ging. Schrecklich. Ich freute mich auch, dass ich Levi als Freund gefunden hatte. Aber wenn meine Mutter das so schrieb, fühlte ich mich wie ein Baby. Aber, ja, sie hatte schon recht. Es hätte auch anders laufen können, so wie in den drei Wochen Schule in der ersten Klasse. Ich konnte sehr dankbar sein, denn mein Leben verlief momentan ziemlich perfekt. Mein Mutismus-Problem mal ausgenommen. Ich antwortete ihr kurz und knapp, denn mit den Amerikanern war ich völlig einverstanden. Schließlich war es meine absolute Lieblingssüßspeise. Und Levi, der mochte eh alles, was süß war. Das hatte er mir zumindest mal erzählt. Also eigentlich auch süße Mädels? Ach, egal, was habe ich nur wieder für kuriose Gedanken.

Ich: Nein, danke. Die Amerikaner sind super.

Mrs. Olivia Oram: Tja, Katy-Baby, du Süßspeisen-Fanatiker. Das hätte ich mir eigentlich denken können.

Grinsend steckte ich mein Handy wieder in meine Jackentasche meines Sweatshirts. Der Bus fuhr in die Straße, in der sich die Bushaltestelle befand, an der Levi und ich aussteigen mussten.

Ich stupste Levi mit meinem linken Ellenbogen an, um ihm zu signalisieren, dass wir gleich unsere Plätze verlassen mussten. Dazu zeigte ich auf die Bustür, damit er mich auch verstand. Und tatsächlich. Mein Händisch und Füßisch war offensichtlich nicht so schlecht, denn Levi hatte mich verstanden und stand auf und ging zur Bustür. Ich folgte ihm. Die Bustür öffnete sich und wir stiegen aus. Ich ging zielstrebig in Richtung Haus. Und selbst der große Levi mit den langen muskulösen Beinen musste sich Mühe geben mit mir mitzuhalten.

Es machte mir Spaß, denn es sah einfach zu lustig aus, wie Levi versuchte immer schneller zu gehen. Also versuchte ich immer noch schneller zu gehen, damit sich Levi nur noch mehr abkämpfen musste. Er durschaute mich und wusste, dass es mir Spaß machte, ihn auf diese Art und Weise zu ärgern. Es entwickelte sich ein kleines Spielchen daraus. Zu lustig. Ich liebte solche witzigen Momente. Jedoch waren wir an unserem Haus angelangt und ich ging langsamer. Ich glaubte, Levi war darüber sehr froh, denn nun musste er sich nicht mehr so abhetzen und konnte sich wieder etwas entspannen.

„Ich wusste gar nicht, dass du so dermaßen schnell gehen kannst!", lachte Levi erschöpft, als hätte er einen Marathon hinter sich gelegt.

Ich lächelte ihn charmant an und klingelte an unserer Haustür. Plötzlich freute ich mich wirklich auf die Amerikaner, die schon darauf warteten verspeist zu werden.

Meine Mutter öffnete die Türe mit einem strahlenden Lächeln im Gesicht. Bestimmt war sie gespannt auf Levi.

„Du bist also Levi! Schön, dass ich dich auch kennenlernen darf. Kommt doch rein!", begrüßte meine Mutter uns, insbesondere Levi. Wir folgten meiner Mutter in die Küche und mir stieg sofort der wunderbare Duft von frisch gebackenen Amerikanern in die Nase. Einfach nur herrlich.

„Hier duftet es ja toll!", staunte Levi, nachdem er neben mich an den Tisch gesetzt hatte.

„Das freut mich. Ich habe gerade Amerikaner gebacken. Wollt ihr probieren?", fragte meine Mutter.

Ich wollte nicht nur probieren. Ich wusste genau wie sie schmeckten. Ich wollte einen ganzen Amerikaner. Und zwar für mich alleine. Das klang vielleicht etwas egoistisch, aber ich konnte einfach Süßspeisen nicht widerstehen.

„Sehr gerne. Amerikaner sind meine Lieblingssüßspeise.", antwortete Levi begeistert von dem Angebot meiner Mutter. Meine Augen weiteten sich.

„Was für ein Zufall. Katy liebt auch über alles Amerikaner. Sie hat ihren ersten Amerikaner mit zweieinhalb Jahren gegessen. Das war echt super niedlich. Ich habe sogar Fotos davon. Willst du mal sehen?" Meine Mutter war plötzlich ganz aus dem Häuschen. Das merkte man an ihrer extrem hellen Stimme. Die bekam sie immer, wenn sie sich über etwas besonders freute. Ich war weniger erfreut, dass meine Mutter offensichtlich ihre Plauderantennen ausgefahren hatte, denn sie plapperte ziemlich viel auf Levi ein und wenn diese einmal ausgefahren waren, wollten die Antennen auch nicht so schnell wieder verschwinden. Ich setzte eine nicht besonders begeisterte Miene auf, um Levi zu zeigen, dass er nicht auf das Angebot meiner Mutter mit dem peinlichen Fotogucken eingehen sollte. Levi freute sich über unsere Gemeinsamkeit und Vorliebe für Amerikaner und sagte: „Tatsächlich! Das ist echt ein witziger Zufall!"

Er sah zu mir und verstand sofort, was ich mit meinem Blick bezwecken wollte. Er ergriff unter dem Tisch nach meiner Hand und schmunzelte. Auf einmal hatte ich gefühlt Millionen Schmetterlinge im Bauch, die wild herum flatterten. Ich musste lächeln und in meinem Kopf hüpfte ein fröhlicher Frosch auf und ab. Levis Hand war so schön warm, und es fühlte sich fantastisch an, ihn zu berühren.

„Danke Mrs. Oram. Das ist zwar ein sehr nettes Angebot, dass Sie mir Fotos zeigen wollen, allerdings glaube ich, wir sollten wir erst einmal unseren Hunger mit ihren duftenden Amerikanern stillen.", versuchte es Levi freundlich zu formulieren, was ihm perfekt gelang.

Meine Mutter brachte uns nämlich unsere Amerikaner und verließ den Raum mit dem Satz: „Dann will ich euch mal alleine lassen. Guten Appetit!" Ich hatte den Anschein, dass sich die Plauderantennen erstaunlich schnell wieder zurückgezogen hatten. Hoffentlich blieb das auch so, sonst würde es noch peinlich für mich werden.

Mit einem großen Bissen fluffigen Amerikanerteig im Mund holte ich mein Handy aus meiner Tasche unter dem Tisch, die zwischen meinen Füßen stand, um Levi zu schreiben.

Ich: Cool, dass du jetzt bei mir bist. Ach übrigens, ich habe etwas Bauch weh.

Ich wusste genau woher das Bauchweh kam, von meinen wildgewordenen Schmetterlingen in meinem Bauch. Aber das musste Levi ja nicht wissen. Ich wollte ihm einfach nur mitteilen, was ich gerade so fühlte und schauen wie er darauf reagierte.

Nachdem ich die Nachricht versendet hatte und mein Mund mittlerweile wieder leer war, biss ich erneuert ein Stück von meinem Amerikaner herunter. Im selben Moment vibrierte Levis Handy, das neben seinem Teller lag. Es lag nahe, dass soeben meine Nachricht Levis Handy erreicht hatte. Er nahm sein Handy in die Hand und las. Bestimmt meine Nachricht. In das Display konnte ich nicht hineinschauen, da seine Hand an der Längsseite des Smartphones platzeingenommen hatte, die gleichzeitig wie eine Trennwand wirkte.

Er legte sein Handy bei Seite und meinte: „Tja Katy-Baby…Liebe geht durch den Magen… ;-)!“

Was hat er da gerade gesagt? Liebe? Welche Liebe? War dies nur ein Sprichwort oder etwa wie ein Liebeszeichen oder wie eine Liebeserklärung? Ja, ich war in ihn schon verliebt. Aber er etwa auch in mich? Oder war das nur ein Scherz? Mhm… ich glaubte ich nicht. Es klang so glaubwürdig. Aber trotzdem war ich mir unsicher, was dieser Satz zu bedeuten hatte. Um nachzufragen, war ich zu schüchtern.

***

Nachdem Levi gegen Abend gegangen war, hatte ich noch ein Gespräch mit meiner Mutter in meinem Zimmer, die sich schon wieder sorgen und Gedanken machte. „Katy, ich muss sagen, Levi ist wirklich ein netter Kerl, aber als Mädchen muss man sehr vorsichtig sein. Du kannst dir nie sicher sein, ob Levi nur seine Sexualität austesten will und du nur sein Versuchskaninchen bist."

Fuck. Daran hatte ich noch gar nicht gedacht. Aber ich konnte es mir beim besten Willen nicht vorstellen, dass Levi mich als Versuchskaninchen ausnutzen würde, so vorsichtig und einfühlsam wie Levi rüberkam. Und genau deshalb baute sich Wut gegenüber meiner Mutter auf und ich gebärdete ihr: Wie kannst du nur so wenig Vertrauen in mich haben! Meinst du wirklich, ich wäre nicht in der Lage, mir wahre Freunde zu suchen? Levi ist nicht so wie du denkst. Lerne ihn doch erstmal richtig kennen.

„Ich habe genug von ihm gesehen. Er scheint ganz nett zu sein, aber ich habe die Befürchtung, dass er dir nur an die Wäsche will, Katy." Sie verschränkte demonstrativ ihre Arme vor der Brust.

Jetzt wurde ich wirklich wütend, versuchte mich aber noch im Zaum zu halten, um die Situation nicht eskalieren zu lassen, sodass sie in einem Streit ausarten würde.

Deshalb gebärdete ich möglichst ruhig, dass meine Mutter meinen Zeichen meiner Hände folgen konnte: Ich bitte dich, Mom. Ich kenne ihn. Du nicht. Ich könnte mir sogar eine Zukunft mit ihm vorstellen.

„Jetzt werde bitte nicht voreilig, meine Liebe. Pass auf, was du sagst! Du kennst ihn doch auch noch nicht lange. Wollt ihr etwa eine Familie gründen oder was? Vergiss bitte nicht, dass du erst sechzehn bist." Sie schnaubte verächtlich und ich wäre am liebsten auf der Stelle aus dem Raum gerannt.

‚Fast siebzehn', versuchte ich die Situation wieder mit Gebärdensprache zu entschärfen, was mir nicht gelang.

„Das spielt keine Rolle, Katy. Denke bitte darüber nach, was du in deinem Leben willst. Und bestimmt willst du keine Teenie-Mutter werden. Ach, was sag ich da. *Ich* will das nicht und du bist meine Tochter. Ich will, dass du später unser Management-Büro leitest, was wie du weißt, in Washington liegt. Du kannst es von überall leiten. Diesen Luxus hat nicht jeder und du solltest ihn zu schätzen wissen."

Bitte was? Ich sollte das gleiche machen wie meine Eltern? Bestimmt nicht. Ich gebärdete ihr: Ich möchte Design und Architektur studieren. Ich dachte das wüsstest du!

Sie verdrehte genervt ihre Augen. „Tja, diskutiere das mit deinem Vater aus. Für mich ist diese Diskussion jetzt beendet. Gute Nacht."

Damit verließ sie mein Zimmer und ich blieb wütend und traurig zu gleich zurück. Warum musste dieser Tag so herrlich beginnen und so dermaßen niederschmetternd enden? Mist. In diesem Moment verlor ich das Vertrauen in das Gefühl, dass mein Leben nur noch besser werden konnte.

Kapitel 8

Levi

Der Schulball stand vor der Tür, es waren nur noch drei Tage bis dahin und ich stand vor Katys Haustür, mit einer Überraschung im Gepäck. Sie öffnete mir strahlend die Türe und ich sagte zur Begrüßung: „Ich wusste gar nicht, dass das jetzt in Mode ist, T-Shirts verkehrt herum zu tragen. Aber steht dir." Das war noch nicht mal gelogen, sie könnte mir auch in einem Kartoffelsack die Türe öffnen und würde immer noch unglaublich sexy aussehen.

Sie schaute an sich herunter, was zuckersüß aussah, und sah mir dann wieder in die Augen, was in mir ein Wärmeschwall auslöste. Sie lächelte unsicher, was ich hingegen nicht mochte. Ich mochte viel lieber mein selbstbewusstes Mädchen, was natürlich für sie - bedingt durch den Mutismus - nicht immer leicht war. Also umarmte ich sie vorsichtig, denn ich wusste, dass ihr das ihr Selbstbewusstsein zurückgab. Im

Haus begrüßte mich Bridgette Oram. Sie gab Katy zwei Geldscheine, nachdem Katy ihr irgendetwas mit Gebärdensprache zu verstehen gegeben hatte. Ich verstand das natürlich nicht und fragte deshalb nach: „Wozu ist das Geld?"

„Katy braucht noch ein Ballkleid für morgen Abend. Sie dachte, wenn du schon da bist, könntest du eines mit ihr kaufen gehen."

Ich winkte ab. „Das ist nett, aber ich glaube wir brauchen das Geld nicht. Komm mal mit, Katy."

Sie gab schnell ihrer Mutter die Scheine zurück und folgte mir vor die Haustüre. Fragend schaute sie mich an. „Mach bitte mal die Augen zu, ich habe nämlich eine Überraschung für dich."

Brav schloss sie sofort die Augen, ohne irgendwelche Aufstände zu machen, ihr T-Shirt noch umdrehen zu wollen. Ich nahm sie sanft an die Hand und führte sie vorsichtig durch den Garten über das vermutlich länger nicht gemähte Gras. Hinter einem großen Baum, blieb ich stehen und erlaubte ihr die Augen wieder zu öffnen. Sie staunte nicht schlecht, als sie meinen vier Jahre älteren Bruder mit einem türkisfarbenen Ballkleid in der Hand erblickte. „Darf ich vorstellen, mein älterer Bruder Caden und dein neues Ballkleid, sofern es dir denn gefällt."

Sie konnte weder danke *sagen*, noch überhaupt etwas sagen, doch ihr strahlender Blick verriet mir alles: Sie freute sich riesig über das Kleid. Als sie mir stürmisch um den Hals fiel, bestätigte sich mein Eindruck. „Möchtest du es anprobieren?"

Sie nickte heftig. Als sie angezogen aus dem Bad kam, stand sie schön wie die Sünde vor mir und der Anblick ihres tief ausgeschnitten Dekolletees raubte mir die Sinne. Sie duftete so verführerisch, dass ich sie am liebsten sofort umarmt und geküsst hätte. Ihre sinnlichen Lippen luden dazu nur so ein. Es fiel mir schwer, mich zu beherrschen, um nicht alles zu überstürzen. „Du siehst fantastisch aus. Magst du so mit mir zum Ball gehen?"

Wieder nickte sie heftig und schaute sich stolz im Wandspiegel an. Ich umarmte sie von hinten und es schien ihr auch gar nicht peinlich zu sein, sich in dieser Geste vor ihrer Mutter zu zeigen, obwohl sie mir mal das Gegenteil erzählt hatte, beziehungsweise geschrieben hatte.

„Na, ihr Süßen, kommt bitte, es gibt Abendessen. Caden war so nett und hat mir vorbereiten geholfen."

„Ja, klar", abtwortete ich.

„Du siehst echt hübsch aus, meine Große. So unglaublich erwachsen.", sagte Bridgette Oram bevor sie sich zum Esstisch umdrehte.

Ich fand es schade, dass Katy, dass Kleid vor dem Essen noch auszog. Zu gern hätte ich sie heimlich in dieser wunderbaren Hülle noch eine Weile bestaunt, aber das Risiko, sich einen üblen Fleck einzuhandeln, war drei Tage vor dem großen Event einfach zu groß.

Das Abendessen war wirklich lecker. Wenn ich ehrlich war, so etwas Gutes hatte ich noch nie gegessen. Griechisch hatte sie gekocht. Aus Europa, völlig neu für mich. Besonders gut schmeckten mir die Reis-Weinblätter-Röllchen.

Mit vollem Bauch kehrte ich glücklich mit Caden in unserem eigenen Auto nach Hause und freute mich auf den Ball.

„Die Kleine ist ja süß." Caden saß am Steuer.

Ich musste augenblicklich wieder an Katys fantastisches Aussehen in dem Ballkleid denken. „Nicht nur das."

Caden blickte kurz zu mir. „Du magst Katy wirklich gerne stimmt's?"

Ich nickte verträumt. „Ich bin gerade dabei, mich richtig zu verlieben."

Caden atmete hörbar ein und wieder aus und lachte dann. Ich wusste nicht, was er dachte und schwieg deshalb. Vermutlich dachte er an seine Freundin Laila, die er im selben Alter kennengelernt hatte, wie ich Katy.

Kapitel 9

Katy

Drei Tage später wachte ich, wie an jedem anderen Morgen, auf und wollte aufstehen. Ein einziger Blick auf das Ballkleid, was an meinem Schrank schräg gegen hing, frischte meine Erinnerungen wieder auf und ich wusste, was heute für ein Tag war. Es war der Tag, an dem ich als Katy, als Mutismus-Patientin auf einen Ball gehen würde! Der Gedanke war großartig.

Ich wäre sehr gerne schon am Morgen in diesem Kleid herumgelaufen. Allerdings war das keine gute Idee, da ich ein eindeutiger Drecksspatz war und der Ball erst gegen Spätnachmittag stattfinden würde. Ich zog deshalb ein gewöhnliches Alltagskleid an. Ich lief nach unten in die Küche und nahm einen Granatapfel aus der Obstschale, die auf der Küchentheke stand. Ich hatte mir fest vorgenommen nur etwas kleines Leichtes vor dem Ball zu verzehren. Da das

Kleid sehr enganliegend am Bauch geschnitten war, wäre es sehr peinlich gewesen, wenn mein aufgeblähter Bauch voll von irgendwelchem Fast Food, nicht mehr in das Kleid gepasst hätte. Also löffelte ich meinen aufgeschnittenen Granatapfel und ließ mich danach bequem von meiner Mutter mit dem Auto zum Frisör fahren. Ich hatte mich beim Frühstück mit meinen Eltern zu dem Thema Studieren ausgesprochen und hatte mich mal wieder durchgesetzt. Ich hatte meinem Vater das Versprechen abgerungen, in jedem Fall studieren zu dürfen.

Was meine Ball-Frisur betraf, hatte ich genaue Vorstellungen. Diese schilderte ich meiner Mutter mit Hilfe von Gebärdensprache noch am Parkplatz vor dem Frisör. Anschließend gingen wir gemeinsam in den Frisör-Salon hinein. Ich wusste, jeder normale Mensch in meinem Alter wäre allein zum Frisör gegangen. In dem Frisörsaal, wo es sehr intensiv nach Shampoo roch, durfte ich mich gleich auf einen dieser Frisörsessel setzen. Ich fühlte mich wie eine Prinzessin, die rund um die Uhr bedient wurde. Meine Mutter erklärte der Frisörin meine Wunschfrisur.

„Katy wünscht sich eine Hochsteckfrisur mit weißen Perlen und kleinen Stoffblümchen darin. Wäre das möglich?" Sie lächelte die Dame freundlich an, die direkt nickte. „Aber natürlich. Bei deinen tollen langen Haaren wird das bestimmt klappen und schlussendlich sehr festlich aussehen. Ist das gewünscht, dass die Frisur festlich rüberkommt?“, fragte die Frisörin.

„Ja, sie ist für einen Ball bestimmt“, antwortete meine Mutter auf die von der Frisörin gestellte Frage.

Sie wuschelte einmal durch meine Haare und ich legte die direkt wieder glatt. „Ja, dann fange ich mal an. Die Fertigstellung wird ungefähr vierzig Minuten dauern.“ Damit begann die junge Dame mir meine blonden Locken zu kämmen und kleine Strähnen mit weißen Perlen und kleinen Stoffgänseblümchen in meine Haare zu flechten, während meine Mutter im Wartebereich eine Zeitschrift las. Im weiteren Verlauf steckte sie meine Haare mit Hilfe von Haarklammern um ein Kissen, sodass meine Frisur noch voluminöser aussah. Echt chic, einfach nur großartig fühlte ich mich.

***

Wenige Stunden später standen Levi und ich vor einem roten Vorhang. Dort würden wir gleich durchschlüpfen müssen, um dann sofort in unserer eleganten Abendgarderobe loszutanzen. Viele Menschen würden uns mit erwartungsvollen Augen ansehen und schauen, wie wir das meisterten, auch meine Mutter und mein Vater. Caden war bestimmt auch gekommen, um seinen vier Jahre jüngeren Bruder mit einem Mädchen tanzend zu beobachten.

Halleluja war ich aufgeregt. Panik stieg in mir auf. Ich dachte, ich hätte alles Gelernte wieder vergessen und würde mich total ungraziös auf der Tanzfläche bewegen.

Ich versuchte mich zu beruhigen, indem ich tief einatmete. Mein Herz pocht so schnell, sodass ich vermutete, es wäre gleich zu erschöpft um weiterzuschlagen. Ich wollte Levi zeigen, dass ich ziemlich aufgeregt war. Also nahm ich seine Hand, die sehr heiß war. Ich spürte, dass auch er nervös war. Ich legte seine Hand auf mein Dekolletee, damit er meine Aufregung spüren konnte. Mit hochgezogenen Augenbrauen sah ich ihn erwartungsvoll an.

Er lächelte warm. „Hey, du Süße. Du brauchst nicht aufgeregt sein. Es wird alles gut, versprochen. Ich bin auch nervös. Aber wir konzentrieren uns einfach auf uns und blenden das um die

Tanzfläche herumsitzende Publikum einfach aus. Versprichst du mir das?"

Ich nickte. Und nahm seine Hand wieder von meinem Brustkorb. Und dann kam unser Tanzlehrer, Mr. Cooper.

„Ihr seid jetzt gleich dran. Ihr schafft das. Ganz viel Glück.", gab er uns mit auf den Weg durch den Vorhang, der uns nur noch wenige Meter von unserem großen Moment trennte.

Als der Vorhang aufging, hielt ich die Luft an. Wir marschierten elegant auf die Tanzfläche, ich fühlte mich wunderbar leicht, besonders mit Levi an meiner Seite. Wir wirbelten im Schein der glitzernden Deckenstrahler über den Boden des großen vergoldenden Saals. Für die Zuschauer musste es toll ausgesehen haben, wie meine Glitzersteine meines Kleides funkelten und schimmerten. Ich erinnerte mich an die Worte und Tipps meines Lehrers Mr. Cooper, die er mir während der Übungsstunden gegeben hat: *Denke nicht an das Später. Denke an das Jetzt. Die Zuschauer werden so auch fühlen, dass du dich auf der Tanzfläche wohlfühlst. Denke daran, dass du mit Levi genau jetzt tanzt. Fühle den Tanz. Genieße es. Es ist dein Moment, deine Melodie des Lebens!!!*

Unsere Schritte hatten wir perfekt einstudiert und so lief unser Tanz auch fehlerfrei ab. Und es fühlte sich so an, als würden wir schon seit Jahren vor Publikum tanzen. Als die Musik langsam leiser wurde, drehten Levi und ich uns im Kreis in der Mitte der Tanzfläche. Wir schauten uns tief in die Augen und unsere Münder näherten sich fast wie automatisch. Ich dachte für einen Moment, dass ein Kuss unseren Tanz ‚zerstören‘ würde. Allerdings dachte ich an einen ganz bestimmten Satz: *FÜHLE DEN TANZ!!!*

Genau das taten wir. Wir verschmolzen zu einem ganz besonderen Kuss. Mein erster Kuss. Ein wunderbarer, langer Kuss mit anschließendem lautem Applaus.

Ich stand mitten auf der Tanzfläche und konnte mein Glück kaum fassen, so überwältigt war ich von dem, was gerade alles geschehen war.

Und meine Eltern hatten mir bei all dem, insbesondere unserem Kuss, zugesehen. Mir ging es trotzdem auf einmal so gut wie nie zuvor. Plötzlich spürte ich einen unwiderstehlichen Drang laut zu singen. In diesem Moment hatte ich meinen Mutismus völlig ausgeblendet. Ich war zwar auf einer Tanzfläche, aber eben nicht in der Oper oder so. Plötzlich bemerkte ich einen leichten Druck an meiner rechten Hand, erst jetzt wurde mir so richtig bewusst, dass mich Levi noch immer an der Hand hielt. Levi deute mit einer kleinen Kopfbewegung Richtung Ausgang an, dass es nun Zeit war, die Tanzfläche zu verlassen, denn der Applaus war eben verstummt. Ich hatte das Gefühl, ich würde mit Levi an der Hand zum Ausgang schweben.

Plötzlich jedoch, noch während wir die Tanzfläche verließen, war ein ganz seltsames Gefühl in mir. Es fühlte sich an, als sei ein kleiner Geist in mir, der wie wild tanzte, von den Zehen bis in den Kopf. Das Gefühl war neu für mich und als hätte der kleine Geist Besitz von mir ergriffen, hatte ich mit einem Male selbst große Lust wild zu tanzen beziehungsweise mit dem kleinen Geist zu tanzen. Was für eine surreale Vorstellung. Ich versuchte den kleinen Geist aus meinen Gedanken zu verbannen, aber es gelang mir nicht so recht.

Levi und ich gingen durch den Vorhang in den Backstage-Bereich. Ich wollte Levi unbedingt von meinem kleinen Geist erzählen, auch wenn er mich wahrscheinlich für verrückt halten würde. Also zerrte ich Levi zu meiner Tasche in der hintersten Ecke. Ich löste mich langsam aus unserem Händchenhalten und nahm mein Handy aus der Tasche. Ich tippte auf unseren Chat, um das, was ich hätte sagen wollen, einzugeben.

Ich: Hey, der Tanz war perfekt. Aber noch viel mehr der Kuss. Er war wunderbar. Und jetzt habe ich einen kleinen Geist in mir. Der Tanz wild in mir. Bitte halte mich nicht für verrückt und danke, danke für alles. Ohne das tolle Kleid hätte der Tanz mich vielleicht nicht so perfekt verzaubert.

Levi saß mittlerweile auf einem Stuhl neben meiner Tasche. Ich hielt ihm mein Handy vor die Nase, sodass er mein Geschriebenes lesen konnte.

Als er fertig mit Lesen war, sah er zu mir hoch und wie die Ausgeglichenheit in Person: „Ach, Katy, du bist der Geist, verpackt in einer traumhaften Hülle…“, dann brach seine Stimme und er musste schlucken und konnte nicht weiter sprechen.

Das war das wunderbarste Kompliment, das ich je bekommen hatte. War Levi nun mein Freund? Also mein fester Freund? Hatte er den Kuss auch wirklich so gemeint, wie ich ihn verstanden hatte?

Ich: Sag mal, sind wir jetzt zusammen?

Ich hielt Levi das Handy erneuert vor die Nase. Er las den kurzen Text und grinste mich so süß an. Jetzt sprach mit weicher Stimme: „Als was würdest du das denn bezeichnen, was gerade zwischen uns war?"

Er neigte den Kopf und seine glänzenden Augen sahen mich unbeschreiblich intensiv an, als er sprach:

„Ich liebe dich, Katy!"

Hatte er das gerade wirklich gesagt, was ich gehört hatte? Oh mein Gott, ich hatte zum ersten Mal das Gefühl, einen festen Freund zu haben. Ich war total überwältigt und wusste nicht wie ich darauf reagieren sollte. Ich stand perplex vor Levi. Der Satz bewirkte, dass mein kleiner Geist aus mir herauswollte.

Der kleine Geist kratzte heftig an meinem Hals. Er wollte aus meinem Mund in die große weite Welt. Ich hatte keine Sekunde mehr darüber nachzudenken, denn auf einmal ging alles so schnell und die Ereignisse überschlugen sich. Der kleine Geist bahnte sich so rasant einen Weg in die Freiheit, dass mein Mund automatisch aufging und der kleine Geist mit drei Wörtern herausflog. Meine Ohren hörten eine fremde Stimme, meine Stimme, sagen: „Ich dich auch."

Levi sprang auf, umarmte mich und brachte kein Wort heraus. Erst jetzt realisierte er, das ich tatsächlich gesprochen hatte. Während er aufsprang und immer wieder stammelte: „Du hast was gesagt!", stand ich wie versteinert vor ihm und auch ich musste erst einmal überlegen, was in den letzten dreißig Sekunden geschehen war.

Der kleine Geist schien verschwunden. Mein Hals fühlte sich plötzlich leer an. Hatte ich gerade tatsächlich etwas gesagt? Ja, ich hatte!

Ich nickte und brachte ein zwar noch zurückhaltendes und leises, aber doch gezieltes Wort aus mir heraus. Es war mein allererstes „Ja!". Verdammt, war das ungewohnt für mich, denn meine Stimme war so fremd für mich. Levi umarmte mich, hob mich hoch und drehte sich mit mir im Kreis. Woher mein Schwindel am meisten kam, war nicht mehr auszumachen. Ich war frei, frei wie ein Vogel!

Kapitel 10
Katy

Liebes Tagebuch,

ich weiß überhaupt nicht, wo ich anfangen soll zu erzählen. Es ist so viel Unglaubliches passiert, so dass es eigentlich unmöglich ist, es in Worte zu fassen. Um es kurz zu sagen: ICH KANN JETZT SPRECHEN!

Levi und ich, wir haben uns das erste Mal geküsst. Der Moment für das besondere Ereignis mag kitschig klingen, denn es geschah fast wie automatisch nach unserer einstudierten Choreografie auf der Tanzfläche beim Ball. Es war einfach perfekt. Für die Zuschauer muss es ausgesehen haben, als wäre der Kuss geplant gewesen. War es aber nicht. Nach dem Tanzen hatte ich einen kleinen Geist in mir, der sich immer mehr bewegte und dann schließlich mit meinen ersten drei Wörtern in meinem ganzen Leben „Ich dich auch", auf die Aussage von Levi „ich habe dich lieb" herausrutschte. Das bedeutet, ich hatte mein Leben lang einen kleinen

Geist in mir sitzen, der für meine Sprachbarriere verantwortlich war. Der Kuss versetzte diesen Geist in Bewegung, sodass er dann in die weite Welt ging. Ich bin so dankbar, dass es so unmöglich ist, es auf Papier zu bringen. Also versuche ich es auch nicht erst.

Deine Katy

Nachdem ich mein Tagebuch zugeklappt hatte, kam mir eine grandiose Idee. Ich schrieb über das wohl wichtigste Ereignis in meinem Leben einen Song, um ihn dann auch wie ich es bei dem Song *Now* geplant hatte, an Levis Geburtstag zu überreichen. Also legte ich meinen Stift nicht aus der Hand und begann meine Gedanken zu sammeln und auf Papier zu bringen.

WHILE MY SOUL WAS DANCING

There was a ghost in me

I didn't notice

But then you were there

And he moved

He moved

He moved

He moved

Wild inside of me

Ever cloud has a silver lining

Also with my ghost and me

We weren't one anymore

Suddenly I could speak

Incredibly, he moved

He moved

He moved away

Wild into the world

Thank you for everything

Especially the dance and the wonderful kiss

I`m like another person

Without ghost in my spirit just free

You gave me the freedom

Because he isn't there anymore

The ghost in my soul

Der neue Songtext war perfekt. In Songtexten konnte man der Kreativität freien Lauf lassen und musste keine grammatikalisch korrekten Sätze formulieren, denn die Kunst setzte keine Grenzen, was jede Lyric eines Liedes einzigartig machte.

Als ich meinen Stift aus der Hand legen wollte, klingelte es an der Haustüre. Das konnte nur Levi sein. Perfektes Timing, dachte ich mir gut gelaunt. Ich versteckte das Blatt mit dem Songtext, sodass er sein Geschenk nicht vorzeitig entdeckte. Ich lief nach unten und öffnete die Tür. Und ich sah den grinsenden Levi auf unserem Fußabstreifer stehen. Ich ging auf ihn zu und umarmte ihn. Er gab mir einen liebevollen Kuss auf die Wange, als sich die Umarmung aufgelöst hatte.

„Na, geht es dir gut? Gehen wir in dein Zimmer?“, fragte Levi. Ich flüsterte, damit meine Eltern nichts hörten: „Gut, geht es mir. Komm, gehen wir nach oben.“

In meinem Zimmer angekommen planten wir ein lustiges aber auch seltsames Vorhaben.

Ich hatte mich langsam dran gewöhnt, zu sprechen. Es war fast gar nicht ungewohnt.

Manchmal aber vergaß ich, dass ich jetzt sprechen konnte und verhielt mich deshalb ab und zu noch zurückgezogen, aber das war ab sofort nicht mehr nötig. Es fühlte sich besonders toll an, normale Gespräche führen zu können. Jedoch bisher nur mit Levi. Aber das sollte sich ändern, denn ich wollte mich auch mit meinen Eltern normal unterhalten.

„Wie hast du es gedacht, deinen Eltern zu sagen, dass du jetzt sprechen kannst?", fragte mich Levi, als er es sich auf meinem Sitzsack in der hintersten Ecke meines Zimmers bequem gemacht hatte.

Ich setzte mich auf den Boden auf ein weiches flauschiges Kissen gegenüber von Levi und legte meinen Kopf in seinen Schoß. Er streichelte daraufhin meine Haare.

„Darüber habe ich mir heute Nacht schon Gedanken gemacht. Aber ich war unsicher, ob ich einfach lossprechen sollte. Ach, Levi, ich bin irgendwie total aufgeschmissen und habe Angst vor ihrer Reaktion." Ich zupfte nervös an einer Haarsträhne.

„Ich würde auf jeden Fall empfehlen es ihnen heute mitzuteilen. Vielleicht sind sie sonst sauer, wenn du es ihnen zu lange verschwiegen hast", riet mir Levi.

Ich setzte mich wieder aufrecht hin, um ihn richtig ansehen zu können. „Ja, das halte ich für sinnvoll. Ich glaube, ich gehe jetzt nach unten ins Wohnzimmer zu meinen Eltern und mit ‚nem Hallo' setze ich mich zu ihnen", überlegte ich unsicher.

„Ja, dann mach das. Ich warte hier oben", bestätigte Levi mein Vorhaben, wodurch meine Unsicherheit verschwand.

Ich nickte selbstbewusst und ging mit steigender Aufregung nach unten ins Erdgeschoss.

Im Wohnzimmer ging ich zielstrebig auf das Sofa zu und setzte mich zwischen meine Eltern. Ich atmete ziemlich nervös einmal ein und aus. Puh, war ich aufgeregt. Mein Herz hämmerte gegen meinen Brustkorb.

„Hallo", sagte ich schließlich. Es vergingen ein paar Sekunden und ich wartete angespannt auf die Rektion meiner Eltern. Als ich nach links zu meinem Vater in den Laptop sah, um zu sehen, was er gerade arbeitete, hörte ich eines lauten Rums neben mir. Ich drehte meinen Kopf nach rechts und sah meine völlig verwirrte Mutter, die ihren Laptop fallen gelassen hatte.

„Katy? Hast...du gerade etwas...gesagt?" Ich konnte sehen, wie sie ihren Atem anhielt.

Ich nickte verlegen. Mittlerweile schaute mein Vater mich ziemlich verdutzt an. Meine Mutter sprang wenig später auf, die dann noch wilder als mein kleiner Geist durch den Raum tanzte. So eine überschwängliche Reaktion hätte ich niemals erwartet. Ich meinte, es war ja klar, dass ich irgendwann sprechen könnte. Mein Vater stellte seinen PC hastig neben sich und umarmte mich kräftig und meinte stolz: „Ja, Katy. Das ist aber mal eine Überraschung. Damit hätte ich heute niemals gerechnet."

Mein Vater stand auf und umarmte meine Mutter, die sich langsam wieder beruhigte, aber immer noch sichtlich aus dem Häuschen war. Das erkannte ich an ihren riesengroßen Augen, die sie weit aufriss und dabei wirklich strahlte. Ich hatte sie noch nie so fröhlich gesehen, denn während der Umarmung meiner Eltern kullerte ihr eine Freudenträne über die Wange.

„Wieso...kannst du auf einem Mal...reden?", fragte mich mein Vater mit zittriger Stimme. Ich dachte, er würde die Neuigkeit cool und locker hinnehmen, so wie fast alles, aber anscheinend wurde nun auch er weich. Irgendwie süß. Zumindest hätte ich das nicht von meinem Vater erwartet. Ich erklärte ihnen alles ganz ruhig wie, wo, wann und so weiter…

Kapitel 11

Katy

„Katy, deine Milch kocht fast über. Kommst du bitte!"

Ich eilte schnell in die Küche, wo meine Mutter mit meiner fast überkochenden Milch kämpfte.

„Könnest du bitte nicht immer wegrennen, wenn du Milch auf dem Herd erhitzt!?", schimpfte meine Mutter verärgert.

„Es tut mir leid. Ich habe einfach nicht mehr daran gedacht. Ich habe gerade mit Caden telefoniert", sagte ich verlegen, als ich meiner Mutter den Topf aus der Hand nahm, um anschließend das Kakaopulver, das ich bereits sorgfältig in einer Tasse mit etwas Wasser vorangerührt und neben der Herdplatte bereitgestellt hatte, mit der Milch zu übergießen.

„Wer ist denn Caden?", fragte meine Mutter ahnungslos.

„Oh Gott, langsam wird es echt peinlich, wenn du sogar das vergisst! Caden ist Levis großer Bruder!"

Sie schlug sich mit der Hand gegen die Stirn. „Ach, jetzt fällt es mir wieder ein. Was hattet ihr denn so Wichtiges zu besprechen, dass du die Milch vergessen musstest?", fragte sie neugierig.

„Levi hat doch morgen Geburtstag. Wir planen seine Geburtstagsüberraschung. So, ich muss jetzt wieder." Ich hob die Tasse langsam hoch und schlürfte etwas Kakao ab, sodass ich nicht ausschüttete, während ich die Treppe hochging.

Oben angekommen, zog ich eine Schublade meines Schreibtisches heraus und holte ein kleines Holzschächtelchen heraus, welches ich bei einer meiner Shoppingtouren in einem kleinen Deko-Lädchen gefunden hatte. Nachdem ich die Schublade wieder geschlossen und das Schächtelchen auf den Schreibtisch gelegt hatte, öffnete ich die Schublade darüber. Darin befand sich ein Stapel Papier. Allerdings nicht irgendein Stapel. Nein. Im Gegenteil. Es war der beste Papier Stapel, den ich je in meinen Schubladen horten konnte. Es waren Notizen meines Songs, die ganz oben lagen. Ich nahm beide Papiere heraus, rollte sie zu einer Schriftrolle und band sie mit einem grünen Schleifchen zusammen. Daraufhin legte ich sie sorgfältig in das Kästchen und schloss es. Als ich in den Keller rannte, überlegte ich mir, wie ich Levi das Geschenk überreichen könnte. Da selbst das Neuland für mich war, überlegte ich, Mr. West nach Rat zu fragen. Er war ja mein Lehrer für alles gewesen, demnach würde er mir auch bei dieser Sache sicher Nachhilfe per Telefon geben können. Außerdem wurde es höchste Eisenbahn ihn zu kontaktieren, weil ich das seit dem Umzug versäumt hatte. Als ich mit einem hübschen Geschenkpapier wieder in mein Zimmer lief und das Geschenk liebevoll mit dem Papier verpackte, nahm ich zwischendurch einen Schluck Kakao, der mittlerweile etwas abgekühlt war. Nachdem ich das verpackte Geschenk noch mit einem grünen Kräuselband umwickelt hatte, nahm ich mein Handy zur Hand und suchte in meinen Kontakten nach der Nummer von Mr. West. Es war keine Schwierigkeit Mr. Wests Nummer zu finden, da ich ohnehin nicht viele gespeichert hatte. Ich drückte auf wählen. Keine fünf Sekunden später hörte ich eine laute Stimme durchs Telefon dröhnen:

„Hallo, Katy! Das ist ja schön, dass du mich anrufst! Wie geht es dir? Äh, sag mal du kannst doch gar nicht telefonieren!"

Es war Mr. West. Eindeutig. Auf einmal wurde mein Körper ganz weich und ich sackte auf meinem Bett an der Wand angelehnt ein wenig zusammen. Er sprach mit dieser Stimme, die mich daran erinnern ließ, wie er jeden Morgen zu mir nach Hause gekommen war, um mich zu begrüßen und zu unterrichten. Ich spürte einen Kloß im Hals und merkte, wie mir eine der wenigen wirklich ans Herz gewachsenen Erinnerungen aus der alten Heimat hochkam. Ich hatte das Gefühl, dass ich nicht sprechen konnte. Doch, ich konnte es. Ganz sicher, wiedersprach ich meinen Gedanken. Nur Mr. West wusste es noch nicht.

„Überraschung!!! Ich kann jetzt sprechen. Mir geht es prima. Danke der Nachfrage. Wie geht es den dir?", rief ich ins Telefon. Dann war es kurz still, als er dann freudig erwiderte: „Das sind ja Neuigkeiten." Es entstand eine kleine Sprechpause und ich merkte, wie sprachlos er war, mich sprechen zu hören. Ich genoss diesen Moment und antwortete nicht gleich. Schließlich fasste er sich wieder und fragte weiter: „Mir geht es auch gut. Wie ist es denn passiert?"

„Oh… eh… ja, da muss ich von vorne beginnen…also, ich muss ich hier in New Orleans zur Schule gehen. Und gleich am ersten Tag, als ich mein Kursraum ausfindig machte, lernte ich einen Jungen kennen.“

„Und sag jetzt nicht, du hast dich in ihn verliebt?!“, mutmaßte Mr. West.

Ich musste schmunzeln. „Doch habe ich. Er ist jetzt mein Freund und nach einem Schulball mit ihm habe ich mein erstes Wort gesprochen“, vollendete ich meine unglaubliche, aber dennoch gekürzte Entwicklungsgeschichte. Das mit dem Kuss am Ende des Tanzes verschwieg ich ihm, um nicht so sehr ins Detail gehen zu müssen.

„Oh, wow, da bin ich jetzt echt baff. Ich weiß gar nicht was ich sagen soll!“

Zugegebenermaßen, war es echt ein witziges Gefühl, Mr. West in die Sprachlosigkeit getrieben zu haben. Ich kicherte amüsiert ins Telefon.

„Wie heißt denn dein Freund?“, fragte Mr. West neugierig.

„Levi“, antwortete ich. „Genau deshalb rufe ich eigentlich auch an. Er hat morgen Geburtstag und ich wollte mal fragen, ob du zufällig ein paar

Tipps parat hast, wie ich Levi am besten das Geschenk geben soll?"

„Ganz bestimmt. Welches Geschenk ist es denn?"

„Ich habe zwei Songtexte geschrieben. Ich möchte sie ihm schenken, dass wir sie zusammen im Tonstudio aufnehmen können."

Er seufzte. „Wie romantisch. Also ich würde vielleicht ein Picknick an einem schönen Ort vorbereiten und dann ganz unerwartet ihm die Songtexte geben."

„Ein Picknick, das ist die Idee! Vielen Dank für den Tipp. Was machst du jetzt so ohne mich in Minneapolis?", wollte nun ich von ihm wissen. „Ich bin jetzt Schulbegleiter eines kleinen Mädchens, das im September in die Schule gekommen ist und Inklusionsbedarf hat, weil es im Rollstuhl sitzt", teilte er mir mit. Bei dem Wort Rollstuhl klingelten bei mir die Glocken und ich fragte betroffen nach: „Warum sitzt sie denn im Rollstuhl?"

„Multiple Sklerose. Eine Krankheit, bei der die Muskeln allmählich schwacher werden", erklärte er fachmännisch. Auf einmal wurde mir klar, wie viel Glück ich im Grunde genommen mit meiner Krankheit gehabt hatte. Mutismus konnte nur besser werden und bei Multiple Sklerose wurde es ja Tag zu Tag nur noch schlimmer. Traurig. „Das tut mir leid. Aber sonst geht es ihr gut, oder?", wollte ich mich vergewissern.

„Jaja, Caroline ist eine aufgeweckte Erstklässlerin. Ich muss jetzt mal schlussmachen, denn der Ofen mit meinen Pommes piepst."

„Dann bis bald."

„Danke für den Anruf, Katy! Bis bald!"

„Tschüss", war mein letztes Wort, bevor er auflegte.

Na gut, also ein schönes, gemütliches Picknick bestimmt gut ankommen, zumindest bei der Sorte Jungs, zu der Levi zählte. Bei Quarterback-Typen käme ein Picknick vermutlich nicht so an, doch zum Glück war Levi ja kein Quarterback-Typ. Football war zum Glück nicht sein Ding, denn auch ich fand diesen Sport einfach schrecklich.

Ich machte mich gleich an die Vorbereitungen. Ich lief in unseren Keller in den Vorratsraum, wo mir gleich die Seetang-Blätter auffielen. Ich versucht mich an unser ‚Wahrheit oder Pflicht'-Spiel zu erinnern. Ich hatte die vage Erinnerung, dass er Sushi als sein Lieblingsessen erwähnt hatte, natürlich abgesehen von Amerikanern. Das war natürlich Ideal. Ich war Meisterin im Sushi zubereiten. Ich schnappte mir gutgelaunt einen Korb, der neben dem Eingang des Vorratsraums stand, und legte die Packung Seetang Blätter hinein. Danach stibitzte ich mir eine Packung von Moms Lieblingsrundkorn-Reis und legte sie ebenfalls in den Korb. Motiviert rannte ich wieder nach oben und begann in der Küche eine Gurke in kleine, feine Streifen zu schneien, die ich später in die Maki-Röllchen füllen wollte.

***

Eine Stunde später legte ich die letzten Sushi-Röllchen sorgfältig in eine Tupperbox, die mein Vater auf einer seiner Deutschlandreisen in der Stadt München auf einem Flohmarkt ersteigert hatte, da er keine Ahnung gehabt hatte, dass es Tupper auch in Amerika gab. Typisch Dad! Als ich die beiden Boxen mit jeweils einem Deckel verschlossen hatte, stellte ich sie in den Kühlschrank mit einem Zettel oben drauf, auf den ich in krakeliger Schrift geschrieben hatte: Finger Weg, gehört Mir!

Jetzt war es auch vor meinen sushisüchtigen Eltern sicher. Mit etwas Geld in der Tasche fuhr

111

ich mit meinem Fahrrad die Gegend an der Küste ab. Es war gar nicht so leicht für ein ruhiges Picknick ein geeignetes Plätzchen zu finden. Nachdem ich eines gefunden und zum Wiederfinden ein Foto mit meinem Handy gemacht hatte, wollte ich noch Getränke kaufen. Ich hatte keine Ahnung, ob Levi auf das übliche Zuckerzeugs stand. Jedoch fiel mir auch keine Alternative ein. Also nahm ich vier Dosen Cola aus dem Supermarktregal heraus und bezahlte sie an der Kasse. Dann machte ich mich auf den Heimweg, um vor Einbruch der Dunkelheit zu Hause zu sein.

Kapitel 12

Levi

Heute war mein Geburtstag. Stolze achtzehn Jahre war ich nun. Caden hatte mich beim Frühstück mit einer selbstgebackenen Maulwurf - Torte überrascht. Von meiner Mom bekam ich ein neues Skateboard mit extra weichen Spezialrollen und coolen Lichteffekten und etwas Geld. Ansonsten hatte ich nichts Besonderes geplant für diesen eigentlich so besonderen Tag. Konnte ich auch nicht. Anscheinend hatte Katy irgendwas vor. Gestern kam eine neugierig machende Nachricht, die mich raten ließ, sich besser nichts vorzunehmen.

Katy: Hey, du baldiges Geburtstagskind! Morgen: Besonderer Tag, an besonderem Ort mit besonderen Überraschungen…

Während ich mein altes Lieblingsskateboard in einen Schrank in meinem Zimmer räumte, um dem neuen Board den Ehrenplatz an der Wand zu gewähren, klingelte mein Handy, das neben mir auf dem Fußboden lag. Es war mein Vater, er lebte, seitdem sich meine Eltern vor zehn Jahren getrennt hatten, in seiner Heimatstadt Melbourne in Australien. Ich nahm den Anruf an und wurde mit einem fröhlichen Geburtstagsliedchen überrascht. Mein Vater hatte eine so tolle Stimme. Kein Wunder, er war Musiker, genauer gesagt Sänger. Nach seiner Rückkehr nach Australien hatte er sich wieder eine Band aufgebaut, die er bevor er zu meiner Mom gezogen war, aufgegeben hatte. Und ich hatte Glück seine Stimme geerbt zu haben, worauf er mächtig stolz war.

„Danke, Dad. Das ist aber eine Überraschung, dass du für mich singst!", freute ich mich, nachdem er das Lied beendet hatte.

„Alles Gute zum Geburtstag, mein Großer! Ich werde auch nächstes Jahr wieder für dich singen, übrigens warst du vor genau achtzehn Jahren noch nicht auf der Welt. Du bist erst um zwölf Uhr dreizehn geboren. Was hast du so für deinen besonderen Geburtstag geplant?"

Ich räusperte mich kurz. „Ja, also, ich habe dir doch letztens von meiner Freundin Katy erzählt. Sie hat eine Überraschung für mich geplant."

„Ach wie schön. Was hat sie denn so geplant?" Ich merkte, dass mein Vater in die Neu-
gierig-Phase kam, in der er am liebsten alle De-
tails erfahren würde.

„Tja, das weiß ich eben auch nicht", sagte ich
im Ausatmen. „Es bleibt wahrscheinlich bis zum
Schluss eine Überraschung. Von seiner Freundin
lässt man sich gerne auf die Folter spannen."

Im Grunde genommen war es schon etwas
fies, mir rein gar nichts zu sagen, aber ich fand es
auch irgendwie echt süß von ihr, dass sie anscheinend Pläne für meinen Tag schmiedete.

„Na, dann wünsche ich euch einen ganz tollen
Tag. Hoffentlich wird's schön romantisch.
Wurde es zwischen euch eigentlich schon etwas
intimer?" Ich war mir sicher, dass er jetzt grinsend sein Handy ans Ohr hielt.

Mein Blick jedoch erstarrte, als ich seine Frage
hörte. Wie kam er denn auf die Idee mich so etwas, naja Intimes zu fragen.

Es machte ihm Spaß mich bis ins kleinste Detail auszufragen, doch soweit durfte es nicht
kommen. „Mann Papa, diese Frage ist zu intim.
Ich werde sie dir nicht beantworten, du Spaßvo-
gel! Musiziere schön mit deiner Band weiter und
danke für deinen lieben Anruf."

Er lachte kurz auf, dann war er wieder ernster. „Gerne, mein Großer. Bis bald."

Nach dem Telefonat hing ich mein Skateboard endgültig an die Wand und betrachtete es stolz, als mein Handy wieder bimmelte. Es war eine Nachricht von meinem Vater. Ich fragte mich, was er denn nun wollte, da wir ja gerade erst telefoniert hatten. Es war so schön mit meinem Vater wieder einmal gesprochen zu haben. Ich liebte seine Stimme. Ich hörte sie so gerne, weil sie einfach unglaublich vertraut für mich war. Als ich klein war, hatte er mir abends immer ein Gute-Nacht-Lied vorgesungen. Für mich war es damals das Highlight des Tages. Für meine Eltern musste es dadurch leicht gewesen sein, mich ins Bett zu bekommen, was bei anderen Eltern bekanntlich nicht so war. Ich hob mein Handy vom Boden auf und öffnete seine Nachricht.

Dad: Hey! Was ich vorhin echt vergessen habe zu sagen, ich habe dir Geld überwiesen. Auf dein Konto. Es würde mich echt überglücklich machen, wenn du mich mal besuchen würdest. Es ist deine Entscheidung, was du mit dem Geld anfängst, aber -wie gesagt - ich würde mich über einen Besuch freuen. Du kannst ja deine Katy mitbringen. Hab dich lieb. Großer Luft-Kuss nach New Orleans.

Bitte was? Ich starrte auf die Nachricht und las sie noch zwei weitere Mal. Ich konnte es nicht glauben. So wie ich das verstand, musste es sich um einen recht großen Geldbetrag handeln, wenn er mir doch dieses Besuchsangebot machte. Ich wusste wie teuer Flüge nach Australien waren, weil ich ihn mehrmals nach der Trennung mit Caden in Australien besuchen durfte. Und dieser Flug für uns beide war so teuer gewesen, dass meine Mom ihn nicht bezahlen konnte, weil sie durch ihren Beruf als Krankenschwester nicht besonders viel verdiente.

Ich war so überwältigt, dass ich eindeutig überfordert war, ein ordentliches Dankeschön auszusprechen. Aber John, also mein Vater, war schon immer sehr großzügig mit seinem Geld, was daran lag, dass er viel besaß.

Ich: Ich weiß gar nicht wie ich dir danken kann. Es ein so unglaublich schönes Geschenk. Naja, ich meine nicht unbedingt das Geld alleine, sondern die Idee mir Geld zu schenken, damit ich dich besuchen kommen kann. Ich kann meine Freude und Dankbarkeit über dieses Geschenk nicht in Worte fassen, da ich es aber unbedingt will, versuche ich es trotzdem: Dankeeeeeeeeee…

Nachdem ich die Nachricht abgeschickt und mich zum Verarbeiten der Ereignisse der letzten halben Stunde auf den Rücken auf mein Bett gelegt hatte, bimmelte ein Handy schon zum dritten Mal. Ich setzte mich auf und nahm mein Handy in die Hand. Die Nachricht war diesmal von Katy.

Katy: Du kannst deinen heißen Hintern in Bewegung setzen, um dich bereit zu machen. Ich bin nämlich in spätestens in einer halben Stunde bei dir. Mach dich auf was gefasst. Du kannst dich freuen. Es wird hoffentlich der schönste Geburtstag, den du dir nur vorstellen kannst.

Heute an meinem Geburtstag reihten sich die Überraschungen wie Perlen an einer Kette. Ich wusste gar nicht, worauf ich mich freuen sollte, denn sie hatte mir rein gar nichts verraten, außer dass sie jetzt offensichtlich zu mir kam. Außerdem gefiel mir etwas nicht an ihrer Formulierung, was ich sofort verbessern musste.

Ich: Hey, ich freu mich schon auf dich. Gut zu wissen, dass du meinen Hintern heiß findest, aber spiel bitte nicht den Boss. Ich bin hier der Kerl. Vergiss das nicht.

Ich stellte mich vor meinen Spiegel, der in meiner Kleiderschranktür eingebaut war. Weißes Poloshirt und braune Jeans? War das ein gutes Outfit? Also gut, im Sinne von attraktiv? Naja. Jedenfalls verräumte ich mein Handy schon mal in meine Gerätebox zu meinem alten MP3-Spieler und dessen Kabelsalat, welche auf meinem Schreibtisch am Fenster stand. Ich war mir da nicht besonders sicher, ob mein Outfit nun wirklich geeignet war, aber ich hatte auch keine weitere Zeit, auch nur einen kleinen Gedanken über mein Outfit zu verschwenden, da es an meiner Zimmertür klopfte. Ich öffnete die Tür und wurde stürmisch begrüßt. Es war Katy. Sie viel mir liebevoll, aber doch stürmisch um den Hals und rief: „Alles Gute zum Geburtstag!!!"

Danach drückte sie mir einen Kuss auf die Lippen. Ihre Lippen waren so unglaublich weich und ich hätte sie gerne noch ein Weilchen länger berührt.

„Ich verbinde dir jetzt die Augen, damit du nichts erkennen kannst. Ist das in Ordnung?"

Ich musste schmunzeln. „Ja, klar. Schön erotisch. Wer hat dich denn hereingelassen?", wollte ich wissen.

„Interessant, dass du das erotisch findest. Caden war so nett.“

Katy kicherte vor sich hin.

Nachdem sie mir ein blaues Tuch um die Augen gebunden hatte und mit mir aus dem Haus und durch die Gegend marschierte, fragte ich mich so langsam, ob wir bald da wären, denn ich ließ mich schon eine gefühlte Ewigkeit ins Nichts führen.

„Sag mal, wo gehen wir eigentlich gerade hin? Bist du dir sicher, dass uns keine Polizei sieht und meinen könnte, du würdest mich entführen?“, fragte ich etwas unsicher.

„Mach dir keine Sorgen. Hier sieht uns keiner. Wir sind übrigens bald da. Außerdem, falls uns jemand sehen würde, denkt dieser bestimmt nicht, dass ich dich entführe, denn du siehst so aus, als gingest du freiwillig mit.“

Ich spürte ihren Atem an meinem rechten Ohr und ich hätte sie so gerne erneut geküsst. „Ach, tatsächlich? Tu ich das?“

„Ja, klar. Willst du denn, dass es nicht so wirkt?“, fragte sie nun unsicher.

Schnell schüttelte ich meinen Kopf. „Nein, natürlich nicht. Ich kann mich halt nur nicht selbst sehen. Deshalb frage ich so blöd", beruhigte ich sie.

Ich fragte mich, welchen Ort sie denn nur ansteuern könnte, denn ich spürte trotz meiner Schuhe weichen Boden unter den Füßen, der bei jedem Schritt angenehm nach unten nachgab.

Als sie plötzlich stehen blieb, hörten meine Füße fast wie automatisch auf, sich ebenfalls zu bewegen. Als sie dann meine rechte Hand behutsam losließ, die sie die ganze Zeit festgehalten hatte, um mich zu führen, hörte ich, wie sie sich ein Stückchen von mir entfernte.

Ich stand richtig verloren da. Wie sagte mein Freund aus der Grundschule immer? Du stehst immer ‚so lost‘ da! Genau dieser Satz passte jetzt zu meiner gewissen Verlorenheit, die sich auf meine Blindheit zurückführen ließ.

Ich spürte auf einmal eine Hand auf meiner Schulter. Für einen kurzen Moment wusste ich nicht, ob es wirklich Katys Hand war und zuckte leicht zusammen. Ich hatte gar keine Schritte gehört, die sich mir genähert hatten. Als sie mit ihrer zarten Stimme in mein Ohr flüsterte: „Bist du bereit? Ich ziehe dir jetzt das Tuch vom Kopf!“, wusste ich endlich, dass es wirklich Katy war.

Ob ich wirklich bereit war, wusste ich allerding nicht. Ich hatte keine Ahnung, was mich gleich erwarten würde.

Jedenfalls blieb mir nichts anderes als mit „Ja!" zu antworten.

Ich spürte, wie Katy mir vorsichtig, das Tuch vom Kopf zog. Als ich die Augen öffnete, strahlte mir wunderschöne Herbstsonne in die Augen und ich musste blinzeln. Ich sah alles verschwommen. Aber eins konnte ich trotzdem erkennen. Wir standen am Strand! Jetzt wusste ich auch, wieso der Boden so weich gewesen war. Soweit mein Auge blicken konnte, sah ich nur Sand und natürlich Wasser. Als nach ein paar Sekunden die Verschwommenheit nachließ, konnte ich die eigentliche Überraschung erkennen. Zwei Meter vor dem Ufer des Meeres war liebevoll ein Picknick auf einer hellblauen Decke vorbereitet.

Ich war so überwältigt und ich wusste überhaupt nicht, wie ich meine Freue zum Ausdruck bringen sollte. Es war so eine liebe Idee von ihr, ein Picknick am Strand vorzubereiten.

„Wie… schön… romantisch. Ein Picknick. Wusstest du, dass ich Picknick über alles liebe?"

Ich nahm sie in meinen Arm und drückte sie ganz fest. Da sie ungefähr einen Kopf kleiner war als ich, atmete ich genüsslich den himmlischen Geruch ihrer Haare ein und drückte ihr liebevoll einen Kuss auf eine Schläfe. Ich löste langsam die Umarmung auf, sodass ich nur noch ihre linke Hand hielt, denn sie wollte etwas sagen: „Ne, wusste ich nicht. Aber es freut mich, dass es dir so gefällt. Komm, du hast noch gar nicht gesehen, was es zum Essen gibt!"

Sie zog mich zärtlich zu der Picknickdecke, sodass ich es erkennen konnte. „Wie cool! Du hast ja Sushi gekauft!" War das alles nur ein Zufall, dass ihr ausgerechnet zwei ‚Lieblingsdinge' mit dieser Überraschung gelungen waren?

„Ne, falsch.", sagte sie schließlich.

„Hä, wie falsch? Das ist doch Sushi. Hundert Pro.", antwortete ich verwundert. War ich jetzt ganz verblödet? Konnte ich etwa kein Sushi erkennen oder dachte Katy bloß laut? Ich war ganz verwirrt, als sie mich aufklärte: „Ja, klar ist das Sushi. Allerdings nicht gekauft. Selber gemacht. Aber danke, dass es so perfekt gekauft aussieht.", freute sie sich und setzte sich hin.

Nachdem ich mich ebenfalls auf die Decke fallen ließ und ich ein Maki-Röllchen probiert hatte, welches köstlich schmeckte, fragte ich, wie viel Uhr es war.

„Wir haben zwölf Uhr zwölf.“

„In einer Minute vor genau achtzehn Jahren bin ich geboren worden.“

„Tatsächlich? Komm lass dich drücken. Danke, dass du auf diese Welt gekommen bist. Danke, dass du in mein Leben gekommen bist. Danke, dass du einfach da bist für mich.“

Dann schaute sie mir tief in die Augen und rutschte näher an mich heran. In mein Ohr flüsterte sie: „Hab dich so lieb! Ich hoffe, du weißt das.“

So berührende Worte von seiner Freundin zu hören, machte mein Herz ganz weich. Deshalb rutschte ich auf der Picknickdecke so nah an sie heran, dass kein Finger uns trennen konnte. Ich drückte sie vorsichtig nach unten, sodass sie sich hinlegte. Von oben schmiegte ich mich an sie. Ihre Brüste spürte ich an meinem Oberkörper. Sie war so verdammt anziehend. Unsere Gesichter näherten sich und ich blickte in ihre wunderschönen Augen. Augen, in denen ich hätte versinken können. Ich konnte einfach nicht anders und musste sie küssen, ihre Lippen endlich auf meinen spüren. Ihre vollen Lippen waren einfach irrsinnig erotisch. Als unsere Lippen aufeinander trafen, spürte ich, wie sie meinen Kuss erwiderte. Ich hätte sie ewig küssen können. Jedoch löste sich der Kuss langsam auf und ich rollte nach links von ihr hinunter, sodass ich nicht mehr auf der Picknickdecke lag. Ich befand mich im Sand, aber das war mir völlig gleich. In Seitenlage stütze ich meinen Kopf in den Unterarm, um sie besser bewundern zu können. Sie war so hübsch mit ihren langen Haaren. Ihre Lippen umspielte ein verschmitztes Lächeln, das mich sofort anmachte.

Ich riss mich jedoch zusammen, um nicht schon wieder über sie herzufallen, und steckte mir ein Maki-Röllchen zur Ablenkung in den Mund. Aus dem Augenwinkel sah ich, wie sie mit ihren Augen meinem Röllchen folgte, das in meinen Mund wanderte. Ihr Blick brachte mich auf die Ideen, ihr auch eines in den Mund zu schieben. Gesagt getan. Es entwickelte sich zu einem Spielchen, das daraus bestand, sich abwechselnd zu füttern.

Als Katy mir grinsend das letzte Röllchen in den Mund steckte, fragte sie: „Hast du Lust schwimmen zu gehen? Ich habe mir von Caden deine Badehose geben lassen."

Ich presste meine Lippen aufeinander, schluckte das letzte Röllchen hinunter und grinste. Auf diese Frage hatte ich insgeheim gewartet. „Du fragst, ob ich die Chance wahrnehme, dich im Bikini zu sehen?"

„Ja, so ungefähr. Ich habe jedenfalls nicht vor in Kleidung schwimmen zu gehen", antwortete sie lachend.

Während wir uns jeder hinter einem Busch umzogen, fiel mir auf, dass wir ganz alleine waren. Der Strand war menschenleer. Er war so schön breit und das Meeresrauschen erinnerte mich an meinen Urlaub in South Carolina vor drei Jahren. Die Stadt Charleston hatte mit seinen bunten Häusern ein ganz besonderes Flair. Der Strand dort war wie dieser hier. Es beeindruckte mich, dass Katy dieses wunderschöne Fleckchen Erde für uns beide ausgewählt hatte. Für den Monat November war es noch relativ warm. Umgezogen ging ich schon mal ans Ufer, um mit meinen Füßen die Wassertemperatur zu ertasten. Das Wasser war angenehm warm, was ungewöhnlich für diese Jahreszeit war. Ich sog mit einem besonders tiefen Atemzug eine Brise Salzluft ein und genoss den Augenblick. Katy trat nun ebenfalls hinter ihrem Busch hervor in

Richtung Wasser und zu mir. Sie legte ihre Alltagskleidung auf die Picknickdecke und lief auf mich zu. Ich schaute ihr erwartungsvoll entgegen und konnte mir nicht verkneifen, sie auf ihr Äußeres anzusprechen: „Habe ich dir schon mal gesagt, wie verdammt heiß du in deinem Bikini aussiehst?"

„Ne, hast du nicht!", sagte sie etwas verlegen und zog mich tiefer ins Wasser.

Wir wateten durchs Wasser und blieben stehen, als das Wasser mir bis zum Bauchnabel reichte. Auf ihr Kommando: „Eins, zwei und drei…!", schwammen wir gleichzeitig los. Es war so ein herrlicher Moment. Katy war nah. Das Wetter war perfekt. Ich hatte Geburtstag. Es gab Sushi und der Ort war auch einfach nur unglaublich idyllisch.

***

„Wie hat dir dein Geburtstag bisher gefallen?", fragte mich Katy, als sie später vis-à-vis auf meinem Schoß auf der Picknickdecke saß. Sie sah mich mit ihren hübschen grünen Augen so eindringlich an, dass mir ganz warm zumute wurde.

„Perfekt. Er ist einfach perfekt. Der Beste, den ich je hatte. Danke für alles."

Mittlerweile war es Spätnachmittag geworden und die Sonne stand tief über dem Meer. Wir hatten uns vorgenommen, so lange hier zu bleiben, bis die Sonne untergegangen war.

Katy lächelte mich irrsinnig süß an, als sie behauptete: „Ich garantiere dir, dein Geburtstag wird noch besser." Während ich ihr zärtlich über die Arme streichelte, fragte ich mich, was sie damit wohl meinte. Als sie ein kleines Päckchen aus ihrer Strand-Tasche zog ohne dabei meinen Schoß zu verlassen, sollte ich es erfahren.

„Hier. Dein eigentliches Geschenk."

„Das ist erst mein eigentliches Geschenk? Das doch ist ein Witz, oder?" Ich war so verwundert, dass ich scheinbar vergessen hatte, den Mund wieder zu schließen. Katy strich mir zärtlich von unten über das Kinn und machte mich so dezent und liebevoll darauf aufmerksam.

„Nein. Das ist absolut kein Witz. Das ist pure Wahrheit. Hier steckt ganz viel Liebe drin."

Sie legte das Päckchen zwischen uns in den Schoß. Ich nahm es behutsam in die Hand und wickelte es extra langsam aus, denn ich wünschte mir, diesen Moment anhalten zu können. In dem Papier befand sich ein kleines

Schächtelchen. Als ich das Schächtelchen vorsichtig oben öffnete, lagen zwei papyrusartige Rollen darin. Ich nahm sie langsam heraus und schaute Katy dabei tief in die Augen. Ich spürte meine Zuneigung zur ihr so intensiv, dass es beinahe schmerzte. So verliebt war ich noch nie in meinem Leben. Langsam öffnete ich die Schleifen, die um die beiden Rollen gebunden waren. Ganz langsam und eins nach dem anderen. Meine Gefühle kamen mit so großer Wucht, dass ich mich wie gelähmt fühlte und kein auch nur so winziges Detail dieses Momentes sollte mir entgehen. Ich war so unbeschreiblich glücklich Katy zu kennen und sie in meiner Nähe zu wissen, als mir plötzlich das Gefühl unseres ersten Kusses auf der Tanzfläche ganz nah erschien.

Ich nahm eines der beiden Papierrollen in die Hand und wollte mit lesen beginnen, als Katy mich abhielt: „Ach, was noch wichtig ist. Bitte nimm das Ganze nicht zu ernst, was darauf steht.“

Ich wunderte mich etwas, ließ mich allerdings nicht weiter davon beirren und las. Ich las beide Texte auf den Papieren.

Ich wusste nicht, wie lange ich auf die Zeilen starrte. Jedenfalls lange genug, um mich von meinen Emotionen, ausgelöst durch ihre so einzigartigen Zeilen, verwirren zu lassen. Diesmal dauerte es lange, bis es mir gelang, meine Gedanken und Gefühle in Worte zu fassen. Sie hatte zwei Songs geschrieben. Zwei Songs, nur für mich. Über uns. Zwei Songs, mit denen Katy, meine Freundin, ihre Liebe zu mir, zum Ausdruck gebracht hatte. Ich war sowas von überwältigt, dass mir die Worte fehlten. Es war einfach irrsinnig romantisch.

Da ich keine Worte für meine Freude fand, küsste ich sie als Dankeschön und wir beide schienen die weichen Lippen des anderen sehr zu genießen, denn keiner machte Anstalten, den Kuss zu beenden. Die Stimmung zwischen uns war einfach nur perfekt. Als ein unerwartet starker Windhauch vorbeizog, beendeten wir unseren Kuss wortlos, um uns dann Wange an Wange weiter zu genießen. Unsere Gesichter waren ganz nah zusammen und ich atmete tief ein, um mir ihren lieblichen Geruch einzuprägen. Nun küsste sie mich langsam von meinem Mund über meine Backe und der linken Schläfe bis hin zu meinem Ohr, wo ihr Atem wie eine zärtliche Windböe in meinem Ohr wahrzunehmen war. Ich spürte, wie sich meine Haut überall zusammenzog. Gänsehaut, zuerst an den Armen, dann am Bauch. Und Schmetterlinge im Bauch. Unzählig viele in meinem Bauch.

„Gefallen dir die Songs?", flüsterte sie schließlich in mein linkes Ohr. Unsere Köpfe geleiteten langsam auseinander, da ich ihr unbedingt in die Augen schauen wollte, während ich ihr antwortete.

„Sie sind….", ich musste schlucken. „Sie sind einfach perfekt!", hauchte ich.

Sie wuschelte mir zart durch meine Haare. „Hast du Lust, sie mit mir zusammen in einem Tonstudio auszunehmen? Du singst und ich spiele dazu auf der Gitarre?"

Sie mit mir im Tonstudio? Das war eine fabelhafte Idee. Aber wie sollte dies bloß umgesetzt werden?

„Wahnsinnig gern", entfuhr es mir lauter als geplant. „Aber wie willst du das bloß organisieren?" Ich dämpfte meine Stimme wieder, um die romantische Atmosphäre nicht zu zerstören.

Sie lächelte wissend. „Da mach dir mal keine Gedanken darüber. Das ist alles schon organisiert. Heute Abend um halb zehn haben wir ein

Termin in der Innenstadt bei dem renommiertesten Tonstudio der Stadt. Hat du Lust? Ich könnte noch absagen!"

Ich war wieder mal sprachlos, wie schon so oft an diesem Tag. Katy bekam es wirklich fertig, mich derartig oft sprachlos zu machen, dass es alle Sprachlosigkeit-Rekorde übertraf. Nicht, dass ich noch in eine dauerhafte Sprachlosigkeit verfiel. Das konnte nämlich bei Katys sexy Anblick schneller passieren als gedacht. Vor Freude hatte ich einen Kloß im Hals, den ich runterschluckte, um mich zu dieser Idee zu äußern. „Tja, Süße, du hast mir mit deine Überraschung komplett die Sprache verschlagen. Also das absagen kommt gar nicht in Frage. Hast du überhaupt Noten zu den Texten?"

Als sie selbstsicher nickte, staunte ich noch mehr.

„Äh… hast du das alles alleine organisiert?!"

„Hey, deine Stimme ist ja ganz zittrig! Das war nicht meine Absicht! War ich zu forsch? Geht es dir gut?", fragte sie mit ruhiger Stimme. Sie streichelte mir sanft über die Backe.

„Ja, mir könnte es nicht besser gehen. Ich freue mich so unfassbar." Meine Stimme war tatsächlich zittrig. Um das wieder zu regulieren, räusperte ich mich sanft.

Im Stillen machte es mich auch deshalb sprachlos, da ich es in meiner Umgebung bisher nur erlebt hatte, dass Männer Frauen überraschten und ich Frauen stets in der Rolle erlebt hatte, Geschenke einzufordern. Zu Katy sagte ich nichts, denn ich wollte nicht, dass sie von mir denken könnte, dass diese klischeehafte Denkweise, die meine wäre. Aber natürlich würde ich mich auch nicht davon abhalten lassen, mich an ihrem Geburtstag gebührend zu revanchieren. Wie wusste ich zu diesem Zeitpunkt jedoch noch nicht.

„Puh, da bin ich aber erleichtert! Ich weiß schon, dass meine Ideen etwas gewagt sind", gab sie zu. „Um zu deinen Fragen zurückzukommen: Ich habe den Termin im Tonstudio mit Caden organisiert. Ohne ihn hätte ich das nicht geschafft.", erklärte sie mir in Ruhe, während sie nun dicht an meine rechte Seite gekuschelt saß und wir beide den Sonnenuntergang beobachteten.

Die untergehende Sonne stand friedlich ober-
halb des Horizonts. Der ganze Himmel leuchtete
knallrot, was sich an der Meeresoberfläche spie-
gelte. Und das Wasser glitzerte so unfassbar
schön. Ein Flugzeug verschmolz farblich mit
dem Hintergrund. Es war so romantisch. Fast
schon kitschig. Aber nur fast. Sanft brachte eine
feine Brise die Stimmung zwischen uns dazu,
noch näher aneinander zu sitzen. Wir saßen Arm
in Arm auf unserer Decke und als ich spürte,
dass sie ein wenig fröstelte, legte ich sanft meinen Pullover über die Schultern. Wir nahmen
uns fest vor, irgendwann in naher Zukunft an
diesen Ort zurückzukehren, wenn es ganz dun-
kel sein würde und die Sterne wie ein riesiger
See am Himmel stehen würden Als sie nun ihren
Kopf auf meine Schulter legte, hatte ich das Gefühl, wir würden zu einer Person verschmelzen.
Auf einmal hörte ich ein besonders regelmäßiges
Schnaufen neben meinem linken Ohr. Ein vor-
sichtiger Blick auf ihr Gesicht verriet mir, dass
Katy eingenickt war. Ich legte sie behutsam auf
die Picknickdecke, sodass ich sie nicht gleich
wieder aufwecken musste und deckte sie mit
meinem noch trockenen Handtuch zu. Ich
räumte vernünftigerweise alle Dinge, die sich
auf der Decke befanden in ihre große Strandta-
sche, da es mittlerweile schon kurz vor neun Uhr

hatte und wir sobald wie möglich zum Tonstudio aufbrechen sollten, um ein Zuspätkommen zu vermeiden. Mein Blick viel auf den dunklen Ozean, der ohne sein Rauschen nicht als sein eigentliches Dasein im Hellen identifiziert werden konnte. Neben mir schlief Katy. Ich strich ihr eine Haarsträhne aus dem Gesicht. Wenn sie schlief, sah sie so friedlich aus und irgendwie zugleich verletzlich. Am liebsten hätte ich sie gar nicht aufgeweckt, jedoch wartete der Termin im Tonstudio auf uns.

Kapitel 13

Levi

Was ich an Musik ganz besonders liebte, war die Tatsache, dass man mit verschiedenen Klängen und Stimmungen seine Gefühle zum Ausdruck bringen konnte. Meine Stimmung an dem heutigen Tag war perfekt: Sanft, fröhlich und natürlich auch verliebt. Genau diese Gefühle wollte ich im Tonstudio für immer festhalten und ich war nervös, weil ich wusste, diese Chance nicht öfter zu haben.

Katy und ich hatten gerade den Strand verlassen und überquerten eine Schnellstraße. Um diese Uhrzeit fuhren nur vereinzelt ein paar Autos darüber. Das erleichterte uns das pünktliche Ankommen im Tonstudio.

„Da ist es!", rief Katy. Mein Blick folgte ihrem ausgestreckten Zeigfinger, der auf ein Haus deutete. Durch die Dunkelheit konnte ich nur ahnen, dass es beige angestrichen war. Als wir vor einer schicken großen Eingangstür standen, bestätigte sich meine Vermutung. „Bist du bereit? Wollen wir hinein gehen?", fragte sie grinsend.

„Bereit ist übertrieben. Du musst wissen, ich bin wahnsinnig aufgeregt. Außerdem ist es schon halb zehn." Ich hob meine rechte Hand hoch, sodass sie sehen konnte, wie sehr sie zitterte. „Du zitterst ja wie Espenlaub! Aber keine Sorge, mir geht es genauso." Sie hielt meine Hand mit ihrer feuchten Hand fest, worauf meine das Zittern langsam einstellte, während wir gemeinsam die Türe aufzogen.

Wir blickten uns in die Augen wie zwei verwandte Seelen und traten ein. Mir schwebte eine warme, aber dennoch gut riechende Luft entgegen. Es war düster, bis auf einmal irgendwo ein Lichtschalter umgelegt worden war und es völlig unerwartet hell wurde. Der Raum war entgegen meiner Erwartung nicht besonders groß. Darin war nur Platz für einen Schreibtisch mit Computer, der an der gegenüberliegenden Wand der Eingangstür war. Die Tür neben dem Schreibtisch öffnete sich und zwei Personen kamen mit freundlichem Lächeln auf uns zu. Sie begrüßten uns und stellten sich vor. „Hallo, ich bin Silvia", sagte die Frau mit einem ungewohnt deutschen Akzent. Der Mann, der größer und kräftiger, als Silvia war, meinte: „Ich bin Brian. Kommt, wir zeigen euch das Studio, damit wir gleich loslegen können."

Katy hatte mittlerweile meine Hand losgelassen. Wir folgten Silvia und Brian in den Raum, der hinter dem Eingangszimmer lag. Er war mindestens doppelt so groß, wie der Raum mit dem Schreibtisch. Er sah exakt so aus, wie typische Tonstudioräume im Fernsehen. Selbst als kleines Kind hatte ich mir gewünscht, mal so einen Raum betreten zu dürfen. Dass dieser Traum genau an meinem achtzehnten Geburtstag in Erfüllung ging und dass ich jetzt hier auch noch singen durfte, war einfach traumhaft. Und das alles dank meiner süßen Katy.

„Hier befinden sich unsere Mischpulte", erklärte Brian. „Dort hinter der Wand steht beziehungsweise sitzt ihr dann und wir geben euch Anweisungen, während wir am Mischpult arbeiten."

„Katy, deine Gitarre. Ihr könnt dann schon hinter die Wand gegen und wir proben das ganze einfach mal", erklärte Silvia mit einer Bestimmtheit, die mir zu verstehen gab, dass das hier kein Spaß, sondern Ernst war. „Erst nehmen wir den Gesang auf und dann die Gitarre auf."

Nach dem ersten Probendurchlauf begannen wir mit dem Aufnehmen. Ich stand vor einem Mikrofon und beschloss an meinen Vater zu denken, der so eine prickelnde Situation schon öfters durchstehen musste, wie ich es gerade zum ersten Mal vor mir hatte. Der Gedanke an meinen Vater machte mir Mut und ließ meine Augen ganz automatisch schließen. Dann hörte ich neben mir Katy sagen: „Du schaffst das. Ich möchte, dass du weißt, wie unglaublich stolz ich auf dich bin." Ich sollte eigentlich eher stolz auf sie sein, da sie so sehr über sich selbst hinaus gewachsen war, seitdem ich sie kannte. Ich fand, sie war erwachsener geworden. Ich konnte mich noch an die schüchterne Katy am ersten Schultag im neuen Semester erinnern. Aber selbst damals wusste ich schon, was sich für ein unglaublich liebenswertes Mädchen hinter der Mutismus-Fassade befand.

Sobald sie ihren Satz beendet hatte, gab Silvia das Startzeichen: „Eins, zwei, drei und los…"

Ich begann zu singen und ich war überhaupt nicht mehr aufgeregt. Es fühlte sich so an, als würde ich schon mein ganzes Leben in einem Tonstudio singen. Mit meiner sanften Stimme hatte ich das wunderbare Gefühl, ich würde durch einen langen Tunnel immer in die eine

Richtung fliegen. In Richtung Katy, die am anderen Ende des Tunnels war. Ich konnte mit diesem Gefühl alles ausblenden. Nachdem ich fertig war, war Katy an der Reihe. Sie saß bereit auf ihrem Stuhl und meinte lächelnd zu mir: „Das Lied ist für dich. Dir ist das klar, oder?"

Ich nickte, ohne richtig zu realisieren.

Für mich! Ich schluckte schwer. Sie spielte für mich das Lied, das sie für mich und über mich geschrieben hatte? Plötzlich fühlte ich mich atemlos und ich schnappte nach Luft. Sie fing an, die ersten Töne anzuspielen. Diese betörend schöne Melodie. Pure Emotionen schnürten mir die Kehle zu und ich stand völlig unter ihrem Bann.

***

Ich wunderte mich sehr, als ich am Morgen aufwachte und neben mir Katy lag. Ich versuchte meine Erinnerungen des Vortags in meinem Gehirn zu ordnen. Allmählich konnte ich mich erinnern. Gestern war der bester Geburtstag gewesen, den ich je gehabt hatte und das nur durch Katy, die unter anderem gestern Abend nach dem Tonstudio die Idee hatte, bei mir zu übernachten. Gemeinsam zu übernachten, war der einzig passende Ausklang dieses wunderbaren

Tages mit Katy gewesen. Katy war nach dem erlebnisreichen Tag todmüde gewesen und sehr rasch in meinem Arm eingeschlafen. Obwohl ich mir in meiner Fantasie noch ganz andere Berührungen hätte ausmalen können, war ich bereits damit glücklich, sie in meinem Arm halten zu dürfen und ihr heimlich beim Schlafen zuzuschauen. Ich selbst war zwar auch sehr müde, aber noch zu aufgekratzt von den Eindrücken des Tages. Zum ersten Mal war spürte ich die Kraft des Verliebt-Seins mit voller Wucht.

Jetzt, als die Nacht vorbei war, gab ich mir Mühe, leise aus dem Bett und Zimmer zu schleichen, sodass Katy noch weiterschlafen konnte. Schließlich war es gestern spät geworden. Jedoch schien ich doch zu laut gewesen zu sein, denn als ich gerade die Zimmertüre geschlossen hatte, wurde sie von innen geöffnet und Katy lugte verschlafen heraus. Sie trug ein viel zu großes T-Shirt von mir, in dem sie so unglaublich sexy aussah, dass ich nicht anders konnte, als sie zu umarmen. Ich gab ihr einen leidenschaftlichen Kuss auf die Lippen. Damit erzeugte ich ein Lächeln auf ihren zarten Lippen, das dem eines Honigkuchenpferds glich.

„Hey, danke nochmals für diesen unvergess-
lichen Geburtstag. Er war einfach perfekt", flüsterte ich. „Magst du zuerst Duschen gehen?"

„Das freut mich, dass er dir so gefallen hat",
lächelte sie charmant. Damit verschwand sie
dankbar mit ihrer Kleidung im Badezimmer.

Kapitel 14

Katy

Nachdem Levi schließlich auch geduscht hatte, ging er Toast kaufen, weil er selbst das, nicht zuhause hatte. Solange spazierte ich ein bisschen den Flur in der oberen Etage entlang, um mir die Bilder anzusehen, die an der Wand hingen. Es waren Kinderbilder von Levi und Caden. Die beiden sahen sich, als sie klein waren zum Verwechseln ähnlich. Als ich gerade an Cadens Zimmertüre vorbei spazierte, hörte ich wie er telefonierte: „Hey, Brother Boy hast du sie jetzt schon rumgekriegt? Du weißt ja, morgen habe ich gewonnen, wenn du es noch nicht geschafft hast. Du bist voll der Angsthase."

Mein Atem stockte. Was war das denn für eine seltsame Wette? War mit *Brother Boy* etwa Levi gemeint? Klar, wer hätte sonst gemeint sein sollen!? Er hatte ja nur Levi als Bruder. Mein Herz begann schneller zu pochen. Und ich spürte wie mein Kopf hoch rot anlief. Hatte er diese Wette etwa mit Levi abgeschlossen? Meinte er mit *sie schon rumgekriegt* etwa mich? War Levi, meinem Freund Levi, wirklich so etwas zuzutrauen? War er wirklich der Typ dazu, solch derartig dämliche Wetten abzuschließen? Ich war mir unsicher. Hatte meine Mom etwa doch Recht? Was, wenn er mir unsere Beziehung nur vorgetäuscht hatte und ich auf seine Zuneigung hineingefallen war? Mir war unglaublich heiß und alles um mich herum fing an sich zu drehen. Ich schleppte mich mit wackligen Knien in Levis Zimmer und mir kullerten unwillkürlich Tränen über die Wange. Was wenn es wirklich wahr war? Die Fragen schossen mir wild durch meinen Kopf, sodass es mir Kopfweh bereitete. Ich setzte mich zusammen gekauert an die Wand, an der auch sein Bett stand. Ich war verzweifelt. Als ich jemanden die Treppe hochkommen hörte, lief mir eine Träne über die Wange. Nein, genau jetzt kam Levi vom Einkaufen, dachte ich mir. Er sollte mich so nicht sehen. Oder doch? Damit er begreifen konnte, was er mir angetan hatte. Er öffnete die Türe und sah mich erschrocken an. „Katy", rief er und stürzte zu mir hinunter auf den Boden. „Was ist passiert? Ist jemand gestorben?", krächzte er, während er mir eine Hand auf meine Schulter legte.

Ja, unsere Beziehung war gestorben. Oder auch nicht? So liebevoll wie er gerade reagierte, hatte er bestimmt nichts mit dieser Wette am Hut. Ich musste es herauskriegen, sonst würde ich nie die Wahrheit erfahren.

„Wie kannst du nur auf solch dämliche Wette eingehen?", giftete ich ihn an. Erschrocken wich er zurück. „Was für eine Wette denn?"

„Jetzt spiel nicht den Unschuldigen!", sagte ich hochmütig.

„Könntest du augenblicklich damit aufhören, mir irgendwelche falschen Sachen an den Kopf zu werfen?!", sagte er nun wütender.

Sein Gesichtsausdruck war so verändert, dass ich mich tatsächlich langsam fragte, ob er wirklich nichts mit der Wette zu tun hatte. „Katy sag mir, was das zu bedeuten hat? Ich weiß wirklich nicht von welcher verdammten Wette du sprichst!" Er schüttelte verständnislos den Kopf, als es mir dämmerte. Hatte er mir nicht mal von Cadens bestem Freund erzählt, der für ihn wie ein Bruder war?! Hatte Levi mir nicht damals anvertraut, dass er früher auf den Freund unglaublich eifersüchtig war, weil *er* doch Cadens Bruder war?

Deshalb auch *Brother Boy*! War das etwa alles nur ein dämliches Missverständnis, woran ganz allein ich schuld war, weil ich sofort an unserer Beziehung zweifelte.

Es tat mir plötzlich unfassbar leid, Levi so derartig beschuldigt zu haben. Ich sprang auf und viel Levi stürmisch um den Hals. „Es tut mir wahnsinnig leid. Bitte sei nicht sauer auf mich. Bitte verlasse mich nicht. Caden hat mit seinem besten Freund telefoniert und sie haben über eine Wette gesprochen, in der Cadens Freund ein Mädchen ins Bett kriegen sollte. Ich dachte, dass du *mich* ins Bett kriegen solltest. Ich dachte ernsthaft, dass *du* an dieser Wette beteiligt warst. Caden hat seinen Telefonpartner am Anfang mit Brother Boy angesprochen und ich dachte bis jetzt, dass du damit gemeint warst. Aber mir ist dann gerade eben Cadens Freund eingefallen, der doch für ihn wie ein Bruder ist. Bitte, bitte verzeih mir", heulte ich in sein T-Shirt hinein.

Levi zog mich langsam von seinem T- Shirt weg, sodass er mir in die Augen schauen konnte. Gott war das peinlich. Ich war knallrot vor Scham und meine Wimperntusche war mit Sicherheit komplett verlaufen, die ich mir vorhin im Bad aufgetragen hatte und so gut wie immer bei mir trug. Ich sah in Levis wunderschöne Augen, als er sanft sagte: „Schade, dass du so wenig Vertrauen in mich hast. Du solltest wissen, dass ich niemals an so einer scheiß Wette teilnehmen würde. Aber nein, natürlich werde ich dich weiterhin lieben, wie ich es zuvorgetan habe und dich nicht verlassen, nur weil mein Bruder ein Arschloch ist. Tut mir leid für den derben Ausdruck, aber er hat wirklich Mist gebaut."

Nicht nur ein Stein fiel mir vom Herzen, sondern ein Felsen. Ach, was sag ich, ein Gebirge. Ich konnte seinen heißen Lippen, die mich förmlich anzogen, nicht widerstehen. Verflogen war innerhalb weniger Minuten mein ganzes Misstrauen und meine Wut. Ich drückte ihm einen dicken fetten Entschuldigungskuss auf seinen Mund, den er auch erwiderte, sodass ich spürt, wie seine weiche Zunge die meine für einen kurzen Moment berührte, als wäre sie ein Beweis für seine Unschuld.

***

Während unseres Toastbrot-Frühstücks wollte Levi von mir wissen, was ich für meinen Geburtstag plante. Ich hätte ihm gerne eine Antwort gegeben, wenn ich nicht eben meinen Mund mit einem großen Bissen vollgestopft

147

hätte. Also beeilte ich mich, die Toastbrot Masse schnellstmöglich hinunter zu schlucken. Mit Levis herausforderndem Blick, stresste ich mich so sehr den Mund zu entleeren, dass ich mich verschluckte und mein Mund schlussendlich auch leer war, nur auf einer Art und Weise, wie ich sie mir niemals gewünscht hätte. Der Anblick des ausgespuckten Toastbrot-Bissens war nicht besonders appetitlich. Levis Hand verlangsamte sich und stellte das Klopfen auf meinen Rücken ein. „Okay, jetzt weiß ich, dass ich dir nie wieder eine Frage stelle, während du den Mund voll hast", meinte er schmunzelnd. Sein Lächeln, das seine sinnlichen Lippen umspielte, ließ mich automatisch auch grinsen und ich konnte nichts anderes als lachend hinzuzufügen: „Genau, du bist daran schuld. Also kannst du die Sauerei wegputzen, während ich dir deine Frage endlich beantworte."

Er runzelte seine Stirn. „Sag mal, bist du überfordert, wenn du beides gleichzeitig tust?"

Immer wenn ich keine passende Antwort auf eine Frage fand, fing ich aus Verlegenheit an zu plappern. Diesen Tick bemerkte ich drei Tage nach dem ich das erste Mal gesprochen hatte, im Beisein von Levi. Also war er schon von Anfang an damit konfrontiert worden und ging ganz cool mit diesem Tick um. „Ja, also während du jetzt anfängst das wegzuputzen, fange ich an dir diese Frage zu beantworten. Meinen Geburtstag zu planen, ist nicht ganz so einfach." Ich hatte ehrlich gesagt keine Ahnung, was ich an diesem Tag machen sollte. Aber eines stand fest: „Ich will unbedingt Kuchen essen." Levi hatte tatsächlich begonnen den Tisch samt Sauerei wegzuräumen, als ich plötzlich über Kuchensorten philosophierte.

„Kuchen. Vielleicht hätte ich gerne einen Marmorkuchen. Aber dadurch, dass ich ein Gemisch aus hellem und dunklem Kuchen nicht so gerne mag, würde sich möglicherweise besser ein Kiwi-Kuchen eignen. Ach, was rede ich denn da. Kiwis auf Teig schmecken bestimmt eher matschig als grandios. Das ist mit Sicherheit bei Kirschtorten ganz anders. So mit Sahne und so. Ja, genau. Ich glaube ich hätte gerne eine Kirschtorte."

Levi sah schon ganz genervt aus, als mir noch etwas einfiel: „Vielleicht eignet sich doch eher eine Fondant-Torte mit Französischer Maracujacreme zwischen hellen Tortenböden, weil man eine Kirschtorte nicht besonders lange aufbewahren kann. Meiner Meinung nach schmecken

149

die Kirschen zwischen Sahne schon am zweiten Tag gegoren."

„Noch irgendwelche Extrawünsche?", fragte Levi, als er das letzte Teil in die Spülmaschine legte.

„Ne, über Kuchen möchte ich lieber heute nicht mehr sprechen. Außerdem wäre es mir ganz lieb, wenn wir eine Runde rausgehen könnten. Wir könnten dann meinen Geburtstag planen, sofern du überhaupt mit mir meinen Geburtstag feiern willst."

„Aber sicher will ich das! Planen müssen wir übrigens nichts mehr für deinen Geburtstag. Ich hatte gerade dafür ausreichend Zeit, während du deine Plapperphase hattest."

Jetzt wurde ich neugierig. „Interessant. Darf man wissen, was du gerade auf deinen virtuellen Planungszettel geschrieben hast?", fragte ich.

Er schüttelte heftig den Kopf. „Ne, das kommt nicht infrage. Es wird alles eine große Überraschung sein. Aber eins kann ich dir verraten, damit du nicht vor Neugier platzt: Dein Geburtstag wird der Anfang eines Abenteuers sein. Also mach dich auf etwas gefasst. Übrigens mutierst du immer mehr zur Prinzessin. Und ich bin der

Butler: Klar können wir spazieren gehen. Darf ich ihnen, Miss Oram, vom Stuhl aufhelfen?"

Ich musste grinsen. „Interessant. Dann musst du echt aufpassen, dass ich dich nicht mit neugierigen Fragen durch und durch zerlöchere. Und nein, ich bin dann doch wieder ganz die Alte und stehe selbst auf." Gesagt getan. Ich stand auf und gab Levi einen sanften Kuss auf die Wange.

„Ach, keine Angst. Das wird nicht passieren. Da bin ich doch wieder ganz der Boss und beantworte dir keine einzige deiner Fragen, die vor Neugier triefen werden", meinte er ganz cool, während er mir überlegen in die Augen sah.

„Wollen wir jetzt spazieren gehen?" Hochnäsig grinste ich ihn an.

„Klar, Prinzessin", sagte er herausfordernd. Er wollte mich ärgern, das merkte ich sofort.

„Bin keine Prinzessin. Schon seitdem ich sechs bin nicht mehr." Ich setzte einen trotzigen Blick auf.

„Doch, bist du", sagte Levi mit so einer felsenfesten Überzeugung, dass es mir schwer fiel nicht laut loszulachen, was unser kleines Kindergarten-Spiel zerstört hätte.

„Na gut. Ich war gerade eben eine Prinzessin und jetzt bin ich wieder ganz die alte Katy. Einverstanden?", stellte ich klar und zog meine Augenbrauen nach oben.

„Einverstanden, Prinzessin Katy", versuchte er mich erneuert aufzuziehen, was ihm jedoch nicht gelang, weil ich nun an seiner Seite grinsend aus der Haustür spazierte und nicht weiter darauf einging.

Kapitel 15
Katy

Am Freitagabend vor meinem Geburtstag kam eine Nachricht von Levi, während ich auf meinem Schreibtisch-Stuhl saß und mein drittes Lied komponierte.

Levi: Hey, Süße. Wenn du morgen an deinem Geburtstag keinen Stress mit deinen Eltern bekommen möchtest, würde ich dir empfehlen noch heute, mit ihnen zu reden und ankündigen, dass du morgen etwas mit deinem Freud machst. Kuss, Levi

Was waren das für seltsame Tipps. Als ob ich nicht selber auf die Idee gekommen wäre. Aber ja, stimmt, mal wieder hatte er recht und ich musste noch heute Abend ein hoffentlich nicht allzu unangenehmes Gespräch mit meinen Eltern führen.

Ich: Danke für den Tipp. Aber wie soll ich meinen Eltern denn bitteschön etwas ankündigen, wovon ich absolut nichts weiß?

Ich wusste, ich hatte es bei Levis Geburtstag genauso gemacht, dass ich ihm nichts verraten hatte. Ich war mir aber sicher, dass das bei einer neugierigen Person, wie mir nicht so einfach war, wie bei einem coolen Levi. Außerdem waren meine Eltern nicht aus dem gleichen Holz geschnitzt wie seine.

Levi: Es reicht doch zu wissen, dass du etwas mit deinem Freund machst. Du bekommst das schon hin.

Durch die Nase zog ich scharf die warme Luft in meinen Zimmer nach oben und presste meine Lippen zusammen.

Ich: Mal sehen, ob das auch meinen Eltern genügt. Danke für deine Zuversicht, du Optimist.

Ich beschloss, zuerst mein neues Lied zu Ende zu schreiben und danach mit meinen Eltern zu reden.

LIFE PROCEDURES

My life was difficult

But since you are there,

the heaviest rocks in my path have disappeared

I can't believe it

That chances happens so fast

Everything can lead to real life

My life was easier

By your presesce

It just runs smoothly without many lenthy procedures

I can't believe it

That chances happen so unexpectedly

Everything can. lead to real life

Having fun means freedom in life

How you stand opposite me

The way opened a life that can be felt with memo-
ries

I can't believe it

The changes happen as if by magic

Everything can lead to teal life

Es machte mich jedes Mal regelrecht glücklich ein neuen Song zu schrieben. Versetzt in Glücksgefühle malte ich mir für einen kurzen Moment aus, was Levi von dem neuen Songtext hielt. Genau, Levi war das perfekte Stichwort. Ich musste jetzt zu meinen Eltern gehen. Ich fing erst einmal an, im Wohnzimmer nach ihnen zu suchen. Und tatsächlich sie saßen wie so oft da und arbeiteten. Also setzte mich ich zu ihnen und begann so: „Ihr wisst doch, dass morgen mein Geburtstag ist und ich würde unglaublich gerne mit Levi feiern."

„Ja, das ist zwar schon möglich, aber hast du auch an uns gedacht? Wir wollen deinen siebzehnten Geburtstag ebenfalls gemeinsam mit dir feiern", meldete sich meine Mutter zu Wort.

Oh nein, bloß keine Diskussion. So etwas hasste ich, besonders wenn es mit meinen Eltern zu führen war.

„Du kannst ja Levi zu uns einladen und wir essen gemeinsam Kuchen!", schlug mein Vater kompromissbereit vor. An sich war diese Idee akzeptabel, jedoch etwas langweilig. Außerdem ging das eh nicht, weil ich ja nicht wusste, was Levi geplant hatte. Genau dies wollte ich gerade meinen Eltern mittteilen, als meine weniger kompromissbereite Mutter ihren Mutterinstinkt auslebte: „Naja, die Idee halte ich für weniger gut. Ich mag es nicht, wenn fremde Leute am Geburtstag da sind. Außerdem kannst du dir das echt abschminken, Katy, dass du mit Levi feiern gehen darfst. Mir ist das eindeutig zu gefährlich. Ich möchte nicht, dass du trinkst."

Meine Mutter übertrieb wieder völlig und hatte das Wort ‚feiern‘ komplett falsch aufgefasst.

„Ach, Bridgette, lass sie doch auch mal ihr eigenen Erfahrungen machen. Du kannst sie nicht immer beschützen und kontrollieren. Du musst dich daran gewöhnen. Sie wird siebzehn und hat einen Freund. Kannst du das nicht verstehen, dass sie ihren Geburtstag mal ganz anders und eben nicht mit ihren Eltern verbringen will?", sagte mein Vater zu meinem Erstaunen.

„Schön, dass du mir in den Rücken fällst, Collin", schimpfte meine Mutter und seufzte laut.

Heilige Scheiße, wo war ich da denn hineingeraten? In eine Eltern-Diskussion, in der ich das Thema war, ich jedoch nichts zu melden hatte und nur daneben saß wie ein Sofakissen mit Ohren! Ich beschloss, einfach mein Ding zu machen, wenn sie sich nicht einigen konnten.

„Ach, Mom, Levi hat eine voll süße Überraschung geplant. Wir gehen nicht trinken. Versprochen", versuche ich meine Mutter doch noch zu überzeugen, meinen Geburtstag mit Levi zu verbringen. Ihr seltsamer Blick, der mir verriet, dass sie nachdachte, ließ mich fast loslachen. Ich gab mir aber Mühe dies nicht zu tun, denn sonst hätte ich alles verbockt und sie würden mir nichts mehr für meinen Geburtstag erlauben. „Katy, ich habe es mir überlegt. Du darfst deinen Tag mit Levi verbringen. Ich erwarte jedoch, dass du nicht trinkst, nicht rauchst und schon gar keine Drogen annimmst. Wir werden uns dafür in der Früh Zeit füreinander nehmen, um dabei zu sein, wenn du dein Geschenk öffnest! Was sagst du, Liebes, zu diesem Vorschlag?"

Auf diesen Satz hatte ich so sehr gehofft, jedoch niemals damit gerechnet, ihn leibhaftig aus dem Mund meiner Mutter zu hören. Ich durfte! Grandios. Ich hatte schon befürchtet, ich müsste Levi absagen.

„Danke, Mom und Dad!", rief ich überglücklich und umarmte sie nacheinander stürmisch.

Jetzt konnte ich mich durch und durch auf meinen Geburtstag mit Levi freuen. Deshalb tanzte ich fröhlich aus dem Zimmer.

***

Heute war es soweit! Mein Geburtstag war da und laut Levi der Anfang eines Abenteuers. Für mich konnte deshalb der Tag gar nicht schnell genug beginnen, sodass ich schon um sechs Uhr morgens wach war und nicht mehr einschlafen konnte, obwohl ich sonst eher ein Morgenmuffel war. Also stand ich motiviert auf. Ich ging zu meinem Kleiderschrank und öffnete ihn. Was soll ich heute anziehen? Kleid oder Hose? Graue oder besser schwarze Socken? Es war für mich keineswegs leicht, mir diese Fragen zu beantworten, wenn ich nicht einmal wusste, was ich heute unternehmen würde. Also entschied ich mich für etwas Praktisches: Blaue Jeans und ein weißes Hard Rock Café T-Shirt mit dem Aufdruck „Pittsburgh". So sah es aus, als wäre ich schon mal in Pittsburgh gewesen, was nicht stimmte, denn das T-Shirt war ein Mitbringsel meines Vaters gewesen, als er auf einem Klassentreffen in seiner Heimatstadt Pittsburgh vor zwei Jahren gewesen war.

Vor dem Badezimmerspiegel kam wieder eine typische Frage auf: Offene Haare oder besser eine Frisur, wie etwa einen Pferdeschwanz? Obwohl ich mich entschied, die Haare erst einmal offen zu lassen, schob ich mir sicherheitshalber einen Haargummi ums Handgelenk, falls ich im Laufe des Tages das Bedürfnis verspüren sollte, mir doch einen Pferdeschwanz zu machen- wovon ich stark ausging.

Wieder in meinem Zimmer angekommen, sah ich erneut auf die Uhr: Halb sieben. Was sollte ich denn jetzt machen? Ich konnte ja schlecht um diese Uhrzeit zu meinen noch schlafenden Eltern gehen, um meine Glückwünsche und mein Geburtstaggeschenk einzufordern. Ich überlegte kurz, als mein Handy bimmelte und ich eine Nachricht von Levi erhielt.

Levi: Hey, Süße. Ich komme ca. in einer halben Stunde bei dir vorbei und hole dich ab.

In einer halben Stunde schon? Dann blieb mir wohl nichts anderes übrig, als doch meine Eltern zu wecken, um mein Geschenk abzuholen und ihnen Bescheid zu sagen, dass ich gleich abgeholt werden würde. Ich schlich auf Zehenspitzen aus meinem Zimmer über den Flur an meinem eigenen Badezimmer vorbei eine Etage nach unten und stand nun direkt vor dem Zimmer meiner Eltern. Ich lauschte kurz. Kein Ton. Sie schliefen offensichtlich noch. Ich öffnete langsam die Türe und schaltete das Licht an. Es war sehr amüsant seinen Eltern, dabei zuzusehen, wie sie sich mühsam an das grelle Licht gewöhnten. Meine Mutter blinzelte und meinte schlaftrunken: „Guten Morgen. Mann Collin, muss das sein?“

„He, ich habe gar nichts gemacht. Das war unser Geburtstagskind Katy. Happy Birthday“, meinte mein Dad gähnend.

„Dankeschön. Levi holt mich gleich ab. Ich wollte euch nur Bescheid sagen.“

„Kannst du deinem Levi mal sagen, dass er elternfreundliche Uhrzeiten wählt, um seine Freundin abzuholen?“, zeterte meine Mutter. Ich musste schmunzeln und zuckte unschuldig mit meinen Schultern.

„Bridgette, wollen wir Katy nicht das Geschenk geben?“, fragte mein Vater.

„Aber sicher.“ Meine Mom stand auf und öffnete ihren Kleiderschrank, der gegenüber des Fußendes ihres Bettes voluminös bis zur Decke ragte. Sie holte ein mit Blümchenpapier verpacktes Geschenk aus dem Schrank und überreichte es mir. Ich nahm es grinsend entgegen und setzte mich auf den runden, rosafarbenen Sessel vor ihrem Schminktisch und öffnete es auf meinem Schoß. Ich löste langsam den Klebestreifen von dem Papier, sodass schließlich ein nackter grauer Karton frei lag. Meine Eltern saßen beide im Bett und sahen mich erwartungsvoll an. Ich kam mir vor, wie das kleine Kind von einst, denn damals hatte ich Jahr um Jahr im selben Sessel gesessen, da ich schon immer so professionell gequengelt hatte, dass es meine Eltern nicht aushielten, mir mein Geschenk erst am Frühstückstisch zu geben.

Gespannt öffnete ich den Karton und war äußerst überrascht, als sich darin ein eiförmiges Radio befand. Vorsichtig nahm ich es heraus und stellte den Karton auf den Boden. Ich musste es nicht lange betrachten, um festzustellen, dass es ganz genauso aussah, wie das, was normalerweise in meinem Zimmer stand und seitdem ich wieder zur Schule ging, nur selten lief. Ich schaute unsicher zu meinen Eltern, die sich anscheinend richtig Mühe geben mussten, um nicht zu lachen.

„Wenn ihr lachen wollt", sagte ich mit leicht strenger Stimme, „dürft ihr das gerne tun, sofern ihr mir verratet worüber."

„Weißt du denn warum wir lachen müssen?", fragte mein Vater amüsiert, während meine Mutter lauthals losprustete.

„Naja, nicht so richtig." Unwissend zog ich meine Augenbrauen nach oben.

Jeder der schon mal von einem Fremden ausgelacht worden war, konnte sich mit Sicherheit vorstellen, wie es dann erst war, wenn die eigenen Eltern über einen lachten, auch wenn es nicht direkt ein Auslachen war. Mein Blick fiel wieder auf das Radio und mir ging augenblicklich ein Licht auf. Das war nicht irgendein Radio, das genauso wie meines aussah. Nein, es war *mein* Radio aus meinem Zimmer. Aber wie kam es in die Schachtel und warum verschenkten meine Eltern mir mein Radio noch mal, wie sie es schon an meinem elften Geburtstag getan hatten? Da musste etwas dahinterstecken. Sie lachten noch immer darüber. Nur ich war die Unwissende und kam mir in dieser Rolle irgendwie ziemlich dämlich vor. Na ja, so hatten meine Eltern wenigstens auch einmal etwas zu lachen, dachte ich möglichst positiv, so wie Mr. West es mir eingeimpft hatte.

„Sagt mal, warum schenkt ihr mir mein altes Radio? Ist euch sonst nichts eingefallen, was sich als ein passendes Geburtstagsgeschenk eignen würde?“, fragte ich mit etwas gereizter Stimme.

„Nein, ganz und gar nicht, Katy. Ich würde sogar behaupten, dass es das beste Geburtstagsgeschenk ist, was du je von uns bekommen hast.“, beeilte sich meine Mutter die Sache aufzuklären.

„Ja, und zwar würde ich an deiner Stelle das Radio direkt mal anschalten…“, fing mein Vater an. „Sonst wirst du nie erfahren, warum du dein eigenes Radio bekommst. Das Radio ist nämlich nicht dein eigentliches Geschenk.“

Nicht mein eigentliches Geschenk…! Alles klar. Bekam ich jetzt etwa einen Radiosender geschenkt, oder wie konnte ich mir mein Geschenk vorstellen? Mir blieb nichts anderes übrig, als einfach den Anschaltknopf den Radios zu drücken, um es herauszufinden. ‚Klick‘, machte es, als ich den Knopf kurz herunterdrückte und ihn kurz darauf losließ, sodass ich auf dem kleinen Display den Radiosender *KBIU FM 103.3* erkennen konnte, der für mich völlig unbekannt war. Denn, wie gesagt, hatte ich hier in Louisiana noch kein Radio gehört. Jedoch wusste ich einen Augenblick später, was das für ein Sender war, als die Musik durch die Lautsprecher an den Seiten des Gerätes ertönte. Hatte ich mich verhört oder war das wirklich Levis und mein Song *Now,* der allen Ernstes öffentlich gespielt wurde und zwar anscheinend alle paar Minuten?

Ich lauschte noch mal etwas genauer und tatsächlich, ich hörte Levis Stimme. Ich saß mit dem Radio-Ei auf einem rosa Sessel und hörte mein Lied. Unser Lied. Das Lied meines Freundes und mir. Im Radio. War das zu glauben? Unfassbar. Atemberaubend. Mir stiegen die Tränen in die Augen. Halt. Nein. Ich durfte nicht heulen, egal wie unglaublich schön dieser Moment war. Ich hatte mir Wimperntusche aufgetragen, die keineswegs verlaufen durfte. Ich hielt die Tränen zurück, bevor sie mir über die Wangen kullern würden.

„Mama, Papa, wie kommt denn … das Lied ins Radio?", stammelte ich. Mein Mund war ganz trocken.

„Katy, das war Collins Idee. Nachdem ihr eure Songs aufgenommen habt und er sie gehört hat, war er restlos begeistert und hat sich dafür stark gemacht, dass sie veröffentlicht wurden. Wie er das gemacht hat, soll vorerst sein Geheimnis bleiben."

Ich war unglaublich gerührt, dass er so einen Gefallen an den beiden Songs gefunden hatte, sodass er sich tatsächlich dafür einsetzte, sie in die Öffentlichkeit zu bringen. Mir fehlten die Worte. Jedoch versuchte ich trotzdem meine Freude darüber mit Worten zu formulieren, auch wenn es für mich fast unmöglich war, denn für so eine Art von Freude gab es einfach nicht die passenden Worte. „Papa, ich weiß nicht wie ich meine Freude ausdrücken soll, aber eines kann ich dir versichern, ich bin selten so glücklich gewesen. Danke, dass ich dich habe." Damit stellte ich das Radio auf den Boden und umarmte zuerst meinen Vater ausgiebig. Danach war meine Mutter an der Reihe. „Freut mich, dass du so glücklich bist über eure nun veröffentlichten Songs *Now* und *While my soul was dancing*. Aber es hat den Anschein, dass du seitdem du Levi hier in New Orleans hast, dein Leben viel mehr genießt. Genauso wie es sich für ein junges Mädchen gehört", sprach meine Mutter mit sanfter Stimme.

Ihre Worte machten meine Knie ganz weich, sodass ich mich nur mit Mühe auf meinen Beinen halten konnte. „Katy, ich glaube dein Levi ist gekommen. Ich habe das Zuschlagen einer Autotür gehört."

Dein Levi. Krampfhaft unterdrückte ich ein Lachen. Meinen Eltern war es wohl noch nicht ganz geheuer, dass ich nun einen wirklichen Freund hatte. Ich schaltete das Radio aus und schickte meinen Eltern einen Luftkuss, bevor ich eilig den Raum verließ. Ich schnappte mir meine kleine Clutch mit meinem Handy darin und rief beim Verlassen des Hauses noch: „Vielen Dank für alles."

Kapitel 16
Levi

Allein nur die Tatsache, dass Katy nun auf dem Beifahrersitz meines Autos saß, ließ mein Herz vor Freude und ehrlich gesagt auch Verliebtheit spürbar fest klopfen. Als sich unsere Blicke trafen, wurde mir bewusst, wie überaus hübsch und zugleich anziehend sie auf mich wirkte. Die Wärme, die ihre Augen ausstrahlten, machte mich regelrecht süchtig und ihr charmantes Lächeln war einfach unwiderstehlich. Es fiel mir nicht leicht, mich auf den Straßenverkehr zu konzentrieren.

„Seit wann hast du denn eigentlich ein Auto?", fragte sie schließlich. „Wenn ich mich nicht täusche ist es sogar ein Lincoln! Die sind doch schweineteuer. Wie kannst du dir bitte so etwas Nobles leisten? Nachher entpuppst du dich noch als Multi-Millionär.", neckte sie.

Es war klar, dass die Fragen irgendwann aufkamen. Und gehörte es nicht auch eben zu einem

Gentleman diese Fragen gesittet zu beantworten?

„Das Auto gehört Caden und mir. Wir haben es vor etwa einem halben Jahr zu Cadens Geburtstag bekommen. Es war ein Geschenk meines Vaters. Ich weiß, diese Autos sind extrem teuer und ich werde mir selber nie so eins leisten können. Aber wenn man einen Vater hat, der gerne mal in teurere Autos investiert, heißt das noch lange nicht, dass ich Millionär bin.“

Ihre Augen weiteten sich. „Das ist aber jetzt komplett neu für mich. Wieso hast du mir nie von deinem Vater erzählt?“ Eigentlich war es jetzt gar nicht so dumm, darüber zu reden und alle Fragen zu klären, weil ich ihr sowieso von meinem Vater erzählen musste, da ihr Geburtstagsgeschenk etwas mit ihm zu tun haben würde.

„Es tut mir leid, aber es ist mir manchmal etwas unangenehm darüber zu sprechen, denn ich habe schlechte Erfahrungen gemacht offen darüber zu sprechen, dass mein Vater etwas mehr Geld besitzt, als andere Menschen gewöhnlich auf dem Konto haben.“

„Oh, das tut mir leid. Darf ich erfahren, wann und wie du damit schlechte Erfahrungen gemacht hast?", fragte sie einfühlsam. Auf einmal schaute sie ganz düster drein.

„Ja, klar, darfst du. Also es war so. Du kannst dich bestimmt an die eine aufgetakelte Tussi in unserem Literaturkurs erinnern, die sich doch letztens beschwert hat, dass ihr ein knallrosa Nagel abgebrochen ist?", fragte ich.

Aus dem Augenwinkel sah ich, wie sie nickte. Das niedlichste Nicken, das ich kannte. „Ja, du meinst Evelyn. Außerdem ist es schon fast unmöglich diese Krallen noch Nägel zu nennen", kicherte Katy.

„Ich habe nicht in Betracht gezogen, diese Art von Fingernägeln, Krallen zu nennen. Aber mir gefällt der Ausdruck." Ich räusperte mich. „Naja, auf jeden Fall war Evelyn schon seit meinem ersten Schuljahr in der ersten Klasse und bis letztes Jahr hat sie es fertig gebracht, mich immer wieder fies zu mobben, nur weil sie neidisch auf die großzügigen Geschenke meines Vaters war. Mir war eigentlich immer eine heile Familie mit Vater *und* Mutter wichtig, was ich leider nur bis zu meinem achten Lebensjahr genießen durfte. Ich war immer neidisch auf Evelyn, weil sie das Gegenteil von mir war. Ihre Familie hatte nicht gerade viel Geld, war aber intakt. Also aus heutiger Sicht betrachtet, befanden sich Evelyn und ich in einer ständigen Lose-Lose-Situation."

Plötzlich fühlte es sich so an, als sei die gute Stimmung wie vom Erdboden verschluckt worden und meine alten Erinnerungen, die alles andere als positiv waren, kamen wieder hoch. Ich spürte, dass dieses Gespräch irgendwie unpassend für Katys Geburtstag war und ich versuchte deshalb meine negativen Emotionen klein zu halten, aber so ganz gelang es mir nicht. Da ich es für falsch hielt, das Gespräch abzubrechen und ein leichteres Thema zu erzwingen, gab ich mich der Situation hin.

„Wieso hat sie dann letztes Jahr aufgehört, dich zu mobben?", fragte Katy.

Ich zuckte mit den Schultern. „So genau weiß ich das ehrlich gesagt auch nicht, aber ich vermute, dass es ihr keinen Spaß mehr gemacht hatte, mich zu mobben, da ich versucht habe nie auf das Mobbing einzugehen. Ich habe- soweit wie das eben möglich war- versucht, alles an mir abprallen zu lassen."

Sie atmete hörbar ein und aus. „Oh, krass. Danke, dass du mir alles anvertraust. Das bedeutet mir sehr viel. Vergessen wir jetzt mal diese dämliche Evelyn, die ich im Übrigen auch nicht leiden kann und lass uns noch mal über deinen Vater sprechen. Wo wohnt er eigentlich jetzt, seitdem deinen Eltern sich getrennt haben? Ich weiß ja mehr oder weniger nichts über deinen Vater!"

Ich wusste, dass sie Recht hatte, jedoch konnte ich jetzt schlecht alles über meinen Vater erzählen, da sonst eine meiner Überraschungen den Bach hinunter gehen würde. Also machte ich es kurz: „Mein Vater ist nach Australien gezogen und ich sehe ihn äußerst selten. Wir sind übrigens gleich an unserem Ziel. Reden wir später weiter über meinen Dad?"

Mit dem Stichpunkt Ziel, schien das Thema ‚Vater' für sie ohnehin sofort abgehackt und meine Frage blieb unbeantwortet. Stattdessen fragte sie neugierig: „Was ist eigentlich unser Ziel?"

Ich musste schmunzeln. Sie fuhr ins Ungewisse. Ich hatte den Spieß umgedreht und ich wollte ihr die Ungewissheit, die sie mich an meinem Geburtstag hatte spüren lassen, ebenfalls an ihrem Geburtstag bieten. Also ließ ich es bis zum Schluss spannend und meinte, während wir gerade an einer roten Ampel warteten: „Wirst du bald erfahren. Habe bitte noch etwas Geduld, Katy." Die Ampel sprang auf Grün und ich gab Gas. Ich bog nach rechts in eine schmale Seitenstraße ab und hielt vor einem großen, schwarzen Gebäude. Ich wusste genau, was in dem Gebäude auf Katy und mich erwarten würde. Als wir aus meinem Auto ausstiegen, hätte ich gerne gewusst, was in Katy vorging, denn ihr unsicherer Blick auf das Gebäude, verriet mir, dass ihr die Ungewissheit zu schaffen machte. Deshalb nahm ich sie in dem Arm und flüsterte: „Keine Angst, meine Süße, in diesem Gebäude erleben wir heute unseren atemberaubendsten Momenten. Komm, wir gehen rein."

Ich nahm sie an die Hand und ich sah wie sich ihr Gesichtsausdruck entspannte, jedoch nur kurz, denn als sie die Türe sah, auf die wir zu gingen, konnte ich ein riesengroßes Fragezeichen in ihrem Gesicht sehen. „Wieso nehmen wir den Hintereingang? Das ist doch nur Promis gestattet."

Ich musste schmunzeln. „Vielleicht sind wir heute auch Promis. Als du mir beim Einsteigen von unseren grandiosen Song-Veröffentlichungsneuigkeiten berichtet hast und ich mich so gefreut hatte, als wüsste ich nicht..."

Wir gingen tatsächlich durch den Hintereingang, wie Katy schon erkannt hatte. Wir traten in einen dunklen, schwarzen Raum und Katy unterbrach mich erstaunt: „Wie? Du wusstest schon, dass unsere Songs nun öffentlich sind?"

„Ja", gab ich zu und schaute mich suchend nach einem Lichtschalter um. „Es ist so, unsere Songs sind nicht nur öffentlich im Radio, sondern auch heute auf der Bühne", offenbarte ich nun die erste große Überraschung für ihren heutigen Tag.

„Das geht mir alles ein wenig zu schnell. Das heißt wir treten heute auf und meine Eltern haben mir alles nur vorgespielt gestern Abend, als ich versucht habe sie zu überreden, mit dir meinen Geburtstag feiern zu dürfen? Du hast alles mit ihnen abgesprochen?", fragte sie, während sie stehen blieb und nach meinen Armen tastete, da wir immer noch in der Dunkelheit des Backstage-Bereiches standen.

Ich nickte, obwohl das hier in der Dunkelheit sinnlos war, weil es sowieso niemand sehen konnte. „Ja, so ist es. Das ist mein persönliches

Geschenk zu deinem Geburtstag. Wir sind jetzt schon so früh da, damit wir noch proben können und um alles mit unserem eigenen Manager zu besprechen." Diesmal war ich es, der nach Katy tastete und ich bereute, ihr in diesem Moment nicht in die Augen schauen zu können.

„Krass. Wir haben jetzt auch einen eigenen Manager und meine Eltern sind verdammt gute Schauspieler", rief sie mit zittriger Stimme.

In diesem Moment erhellten sich die Lampen an den Decken und ein Mann kam auf uns zu.

„Hallo ihr zwei. Ich bin euer Manager Matt Johnson. Ihr könnt mich ruhig Matt nennen." Selbst ich kannte ihn noch nicht. Ich hatte ihn bisher bloß am Telefon gesprochen, nachdem Katys Vater, Collin Oram, ihn für uns ausgesucht, beziehungsweise gebucht hatte. Er war genauso, wie ich ihn mir am Telefon vorgestellt hatte: Groß, muskulös mit gepflegtem Bart, schwarzes leicht gelocktes Haar, dass er sportlich nach hinten gekämmt hatte. Seine sympathischen Lachfältchen motivierten mich, auf ihn zuzugehen.

Er wendete sich Katy zu und gratulierte ihr, bevor er uns den Backstage-Bereich inklusiv Bühne zeigte. Wir bekamen eine Einweisung in die ganze Technik, auf die wir während unseres

Auftritts achten mussten. Und ich war super aufgeregt bei dem Gedanken, dass wir vor etwa tausend Leuten auftreten würden. Zum Glück blieb
uns ja noch genügend Zeit zum Proben.

Kapitel 17

Katy

„Bist du bereit?", fragte mich Levi. Ob ich das wirklich war, wusste ich nicht so genau, jedoch wollte ich und konnte ich nicht weiter darüber nachdenken, da wir gleich auf die Bühne mussten. Also antwortete ich mit einem knappen „Ja" und einem Lächeln, das vermutlich leicht gequält ausgesehen haben musste. Levi und mein Vater hatten es wirklich geschafft, dass wir zwischen den Auftritten von dem Musiker Jonny Maynad auch einmal kurz mit unseren beiden Songs auftreten durften. Wenn ich nur daran dachte, dass da draußen über zweitausend Zuschauer waren, wurde mir richtig übel. Aber es half nichts, ich musste es jetzt hinter mich bringen. Ich hörte noch die letzten Worte der Rede, die Jonny Maynad hielt, in der er unsere Geschichte zu den Songs erläuterte: „…und hier sind die beiden. Katy Oram und Levi Berry mit *Now* und *While my soul was dancing*."

Ich hatte das Gefühl, die Zeit wäre stehen geblieben. Ich war wie in Trance. Ich bekam nichts mit. Levi holte mich dann aus dem riesigen Loch, in das ich gefallen war, heraus und nahm mich an die Hand und marschierte mit mir selbstsicher durch den Vorhang. In der anderen Hand hielt ich meine Gitarre, die mir rasch von Matt umgehängt worden war. Mindestens eine Nebelmaschine erzeugte so viel Nebel, der mich einzuhüllen und gleichzeitig auch vor den Blicken der unzähligen Zuschauer zu schützen schien. Als dann noch die diversen bunten Scheinwerfer hinzugeschaltet wurden, fühlte ich mich wie auf einem fremden Planeten. Die Scheinwerfer blendeten mich so, dass ich glücklicherweise zusätzlich daran gehindert wurde, in die Gesichter der Zuschauer zu blicken. Da stand ich nun vor dem Mikrofon. Levi befand sich ungefähr drei Meter weiter rechts neben mir vor seinem eigenen Mikrofon und unsere Blicke trafen sich und er strahlte dabei so eine Ruhe und Selbstsicherheit aus, die mir in diesem fremden Moment einfach gut tat.

Ich begann zu spielen und Levi setzte genau an der passenden Stelle ein, so wie es ein sollte. Wir spielten *Now* und in dem Moment, als ich den letzten Ton spielte, war es so mucksmäuschenstill um uns herum, dass ich schon eine unheilvolle Blamage erahnte, jedoch brach dann ein so heftiger Jubelapplaus aus, dass dieser Gedanke auch schon verflogen war, ehe er richtig zustande gekommen war. Das Gefühl, so applaudiert zu werden, war einfach unbeschreiblich und so motivierend, dass wir auch gleich den nächsten Song *While my soul was dancing* anstimmten. Wieder unterlief uns auch kein noch so klitzekleiner Fehler und plötzlich die Woge des Applaus brachte mein Blut in Wallung und ließ Levi und mich in vollem Glanz erstrahlen. Es war ein Wahnsinnsgefühl da oben auf der Bühne zu stehen und ich schloss für einen winzigen Moment die Augen, um diesen gemeinsamen Moment mit Levi für immer in meinem Herzen zu konservieren. Levi und ich gingen im Seitschritt auf uns zu, trafen uns in der Bühnenmitte, reichten uns die Hände und verbeugten uns dankbar vor dem Publikum für diesen atemberaubenden Applaus, der immer noch anhielt.

Kurz bevor wir immer noch unter ohrenbetäubendem Jubel rückwärts die Bühne verließen, ließ ich meinen Blick noch einmal kurz wie ein Panoramabild kreisen, in der Hoffnung diesen

Moment so wie er war für immer in meinem Herzen bewahren zu können.

Und dann war alles still um mich herum und ich lag in Levis Armen im Backstage-Bereich. Diesmal brannten zwar dort Lichter, aber da unsere Augen noch so an das helle Scheinwerferlicht der Bühne gewöhnt waren, tappten wir fast genauso im Dunkeln, wie bei unserer Ankunft.

Aber Licht war auch nicht das, was gerade wichtig war. Jetzt zählte nur unsere gegenseitige Berührung. Ich spürte Levis weiche Lippe an meinen linken Ohrläppchen als er flüsterte: „Wow, Katy. Ich bin so unsagbar stolz auf dich. Du warst großartig."

„Danke, danke…!", dann brach meine Stimme ab und erst nach einem langen Ausatmen, brachte ich mehr zustande: „ Levi, du bist es, der unglaublich ist! Es war das *Wir*, das uns so stark gemacht hat!" Ich lächelte ihn dankbar an und war insgeheim unglaublich stolz auf mich, vor so vielen Menschen aufgetreten zu sein. Und ich durfte erfahren, dass das echt müde machte und ich war froh, mich an Levis Brust anlehnen zu können. Er streichelte mir zärtlich über den Rücken und meinte mit sanfter Stimme: „He, meine Süße. Nicht einschlafen, dein Geburtstag ist noch nicht zu Ende." Er legte eine kleine Sprechpause ein, um zu schlucken. „Hast du vielleicht Hunger?"

Ich nickte kaum merklich. „Ja, doch. Wenn ich so darüber nachdenke, habe ich sogar ziemlichen Hunger."

„Dann hast du bestimmt nichts dagegen, wenn ich dir jetzt sage, dass ich beim besten Italiener der Stadt reserviert habe", sagte er stolz.

Mir klappte der Mund auf. „Ne, habe ich nicht. Aber ist es dir das wirklich wert, mit mir in diesen noblen Schuppen zu gehen."

Ich war mir unsicher, weil ich nicht glauben konnte, dass er es ernst meinte mit mir zu dem teuren, berühmten Italiener in New Orleans zu gehen. Ich war so überrascht, dass ich mich sogar aufrichtete und nicht mehr müde auf seiner warmen Brust lag.

„Was ist denn das für eine Frage! Klar meine ich das ernst! Bombenernst sogar. Außerdem hast du Geburtstag, da kann man sich schon mal so etwas leisten."

Wir ließen uns von Matt mit Levis Auto zu dem Italiener fahren, damit Levi auf meinem

Wunsch neben mir sitzen konnte. Ich hatte nämlich das Bedürfnis, ihn ganz nah bei mir zu spüren. Als wir schließlich im Restaurant saßen und ich mich umschaute, bemerkte ich, dass niemand außer uns da war, was mir sehr kurios vorkam. Es war normalerweise schwer, eine Reservierung zu bekommen, das nötige Kleingeld vorausgesetzt. Wir hatten einen kleinen, schnuckeligen Tisch am Fenster, von dem aus wir den ganzen Raum im Blick hatten.

„Sag mal, warum sind wir eigentlich allein?", fragte ich in die Stille, während wir die Speisekarte durchforsteten.

Da er mir gegenübersaß, konnte ich sehen, wie er verschmitzt von der Karte hochblickte, sodass mir in dem dämmrigen Speisesaal des Restaurants zwischen Pizzaduft und Kerzenlicht warm ums Herz wurde.

Und als er mir eine bizarre Antwort gab, war auf einmal klar, dass noch irgendetwas Besonderes an meinem Geburtstag auf mich wartete: „Ich habe das Restaurant für uns angemietet, damit wir ungestört bleiben. Warte es ab, meine Süße."

Als der Kellner kam und wir unsere Bestellungen aufgaben, durfte ich erfahren, was Levi, wie ich vermutete, noch vor mir geheim hielt.

„Dein eigentliches Geschenk…" Er schob einen weißen Umschlag mit einem kleinen Holzmarienkäfer darauf über den Tisch, sodass er dann direkt vor mir lag. Meine Neugierde stieg auf ein Maximum, was ich an meinem heftigen Herzklopfen festmachte.

Er hielt meine Hände sachte fest, die neben dem Umschlag lagen. „Bevor du diesen Umschlag öffnest und dein versprochenes Abenteuer beginnen wird, musst du wissen, dass ich das auch für mich mache. Genauer gesagt für mich und für dich."

„Was *das*?" Ich verstand nur Spanisch.

„Mach es auf, dann wirst du es erfahren." Er tippte auf dem Umschlag, nachdem er meine Hände losgelassen hatte.

Mit feuchten Händen öffnete ich langsam den Briefumschlag und zog zwei Karten im DIN A5 Format heraus. Durch das schummrige Licht dauerte es eine Weile bis ich erkannte, was das für Karten waren. *Flugtickets*. Mir gefror augenblicklich das Blut in den Adern, als ich langsam begriff, was ich in der Hand hielt und mir das Wort *Flugticket* wie wild durch den Kopf schoss. Als ich Levis Hand auf der meinen spürte, fiel mein Blick, der nur vor Fassungslosigkeit triefen musste, auf Levi. Ich starrte ihn verwirrt an. Ich war einfach unfassbar sprachlos, was zum Glück auch Levi bemerkte und versuchte mich daraus zu holen, indem er erklärte: „Dein bevorstehendes Abenteuer besteht daraus, dass wir nach Australien fliegen und die Welt nach Herzenslust erobern, bis unsere Herzen mit Erinnerungen prall gefüllt sind. Es war gar nicht so schlecht, dass mein Vater heute früh im Auto zur Sprache gekommen ist, weil er ja in Australien wohnt und er dementsprechend mit dem Abenteuer in Verbindung steht."

Ein Herz voll mit Erinnerungen! War es nicht genau das, was ich mir sehnlichst herbeigewünscht hatte, kurz nachdem ich zu sprechen begonnen hatte?

Levi hatte dies so wunderschön umschrieben. Jedoch war ich immer noch im Modus der Sprachlosigkeit gefangen, so dass dies vorerst nur ein Gedanke in meinem Kopf blieb. Er schaute mir eindringlich in die Augen und als er mich mit einem philosophischen Satz aus meiner Verwirrtheit holte, begann ich die Geschehnisse langsam zu begreifen: „*Staunen ist unfreiwilliges Lob*, sagte einmal Edward Young."

Plötzlich fühlte ich mich wacher und ich spürte, dass ich wieder reden konnte: „Aber jetzt mal zurück aus der Welt der Philosophen in die Realität. Wie hast du das nur möglich machen können?"

„Also nun alles ganz ausführlich. möglichst sachlich, versteht sich: Hier auf dem Tisch liegen, meine liebe Katy, zwei Flugtickets nach Australien. Eines ist für den Hinflug und das andere für den Rückflug. Sie sind beide dir gewidmet, als Geburtstagsgeschenk. Wir werden, so wie ich es gebucht habe, übermorgen nach Australien fliegen. Für fast vier Wochen. Unter anderem werden wir meinen Vater besuchen, der in Melbourne lebt. Es ist seine Heimatstadt. Er hat nur für fünfzehn Jahre in Louisiana gelebt, weil er auf einer Tour meine Mutter kennengelernt und dann seine Karriere abrupt unterbrochen hat. Wegen der Liebe. Als ich acht Jahre alt war, war er der Meinung sich jetzt wieder mehr um seine Karriere, Beruf und Leidenschaft kümmern zu müssen. Er ist Musiker. Sänger einer Band, die in Australien und eigentlich auch in Amerika, sehr berühmt ist. Meine Mutter gefiel das überhaupt nicht und so ging die Ehe den Berg hinab. Nun zurück zu unserem Abenteuer. Möchtest du das Geschenk annehmen und mit mir übermorgen nach Australien fliegen?" Er schaute mir eindringlich in meine Augen.

Das klang fast wie ein Heiratsantrag. Ich spürte schon wieder eine angehende Sprachlosigkeit in mir. Ich kämpfte dagegen an und konnte endlich meine Gefühle äußern und seine Frage beantworten: „Da fragst du noch? Ja, klar, will ich. So etwas Krasses lass ich mir definitiv nicht entgehen. Aber wie soll ich bloß meinen Eltern beibringen, dass ich jetzt mal ganz lockerflockig für fast vier Wochen mit meinem Freund in Australien bin?"

Er winkte ab. „Da mach dir mal keine Gedanken. Das habe ich alles schon geklärt. Das heißt wir sitzen übermorgen im Flieger?", fragte er mit unwiderstehlichem Scharm.

Erst nachdem der Kellner uns unsere Limonaden und liebevoll auf dem Teller angerichtete Pasta brachte, gab ich ihm mit einem breiten Grinsen zurück: „Du weißt schon, dass mein Koffer ein ganz schönes Monstrum werden könnte?"

„Tja, jetzt weißt du auch, warum ich jeden Tag Hanteltraining mache!", antwortete er mit einem Augenzwinkern und lachte.

„Aber wie um alles in der Welt hast du die Flüge finanziert?", fragte ich ahnungslos, während ich eine Gabel gefüllt mit leckerer Paste in Richtung meines Mundes bewegte.

„Die Reise hast du meinem Dad zu verdanken", sprach Levi mit vollem Mund.

Ich dachte, ich hörte nicht richtig. „Dein Vater kann doch nicht so reich sein, dass er uns einfach so eine derartig teure Reise spendiert." Ich schaute ihn entgeistert an.

Levi grinste. „Ja, spendabel kann man es nennen. Er war definitiv nicht gerade knickrig mit meinem Geburtstagsgeld."

Ich verschluckte mich fast, als ich das hörte. „Levi, das ist doch nicht dein Ernst. Du hast doch nicht etwa dein Geburtstagsgeld dafür ausgegeben!"

Jetzt grinste Levi noch mehr. „Ne, komplett ausgegeben habe ich es nicht. Es ist definitiv noch genügend da."

Oh. Ich musste schlucken. „Dann war dein Vater ja *extrem* spendabel."

„Allerdings", sagte Levi im Ausatmen.

***

Dieser Tag war der wunderbarste Geburtstag meines Lebens! Ich muss mir eingestehen, dass Levis Überraschung noch einmaliger war als meine Highlights für seinen Festtag, was aber wohl auch daran lag, dass das große Abenteuer Australien noch vor uns lag. Bei meiner Überraschung für Levi lag der Höhepunkt hingegen in der Aufregung vor den Tonaufnahmen im Studio und der Tatsache, dass er mit dieser Überraschung förmlich überrumpelt worden war.

Es war schon sehr spät am Abend, aber ich war immer noch wach, obwohl ich in Levis Armen lag. Mein Gedankenkarussell drehte sich noch wie wild und es mischten sich Gedanken der Vorfreude auf die Reise mit vielen Einzelheiten, die mir der Tag heute geschenkt hatte. Allmählich mischte sich unter all die wunderbaren Gefühle und Erinnerungen auch Erschöpfung. Es war sicher weit nach Mitternacht und mein Blick viel auf den neben mir schlafenden Levi, der friedlich ein und ausatmete. Endlich gelang es mir, mich dem beruhigenden Rhythmus des Ein-und Ausatmens anzuschließen und mich in eine australische Traumwelt zu begeben.

Kapitel 18
Katy

So richtig weit verreist war ich noch nie. Demnach hatte ich auch keinen geeigneten Koffer für eine dreiwöchige Flugreise nach Australien. Zum Glück war Levi so nett und lieh mir einen Koffer. Es war so ein richtig schicker Hartschalenkoffer in coolem Ockergelb, so wie es auch des Öfteren in der Werbung angepriesen wurde. Heute war mein allererster Tag mit siebzehn Jahren und er begann mit Kofferpacken. Nachdem ich Levi geholfen hatte, seine Sachen zusammenzusuchen und möglichst platzsparend in seinem Koffer unterzubringen, fuhren wir gemeinsam zu mir nach Hause und dort drehten wir den Spieß um und er half mir. Ich saß ganz verzweifelt auf meinem Bett und schlug deprimiert die Hände über dem Kopf zusammen. „Wie sollen nur all diese Dinge in den Koffer passen? Levi, es ist aussichtslos. Einfach nur unmöglich", jammerte ich vor mich hin. Wir hatten schon unzählige Male versucht, in unterschiedlichsten Varianten die Dinge möglichst platzsparend in meinem Koffer unterzubringen. Anfangs war Levi noch völlig zuversichtlich gestimmt gewesen, doch jetzt verlor auch er langsam die Geduld. „Vielleicht musste du ein paar Schuhe hierlassen. In Australien ist es Sommer. Es ist heiß dort und nicht mit unseren Temperaturen hier in Louisiana vergleichbar. Wie wäre es, wenn du diese Schuhe hierlässt. Meiner Meinung nach sind die etwas zu warm." Levi hielt meine roten Lieblingsstiefeletten in die Höhe.

Nein, jetzt fing er damit wieder an. Wir hatten doch schon alle Dinge, die für die Reise sinnvoll waren, vor mein Bett gelegt und uns genug darüber den Kopf zerbrochen, fand ich. Aber er hatte auch irgendwie Recht. Es passte nun mal nicht alles in meinen Koffer, sodass mir nichts anderes übrigblieb, als mein Gepäck zu reduzieren. „Bist du dir sicher mit dem Wetter?", fragte ich skeptisch.

„Zu tausend Prozent bin ich mir da sicher, Katy. Ich war schon mal zu Weihnachten in Melbourne. Und ich kann dir versichern, ich habe mich zu Tode geschwitzt."

Also ließ ich die Schuhe hier und konnte so problemlos all meine Dinge im Koffer verstauen. Was so ein paar Schuhe ausmachten…

Das Kofferpacken hatte so viel Zeit in Anspruch genommen, dass es bereits dämmerte, als wir endlich fertig waren. Meine Eltern hatten tatsächlich erlaubt, dass Levi bei mir übernachten durfte und meine Mutter rief uns zu einem festlichen Abendessen nach unten. Da meine Mutter einen Fable für die französische Küche hatte, tischte sie einen wirklich leckeren vegetarischen Quiche Loraine auf.

Nachdem wir all die gut gemeinten, aber doch zu zahlreichen Reisetipps meiner Mutter über uns ergehen hatten lassen, zogen wir uns in mein Zimmer zurück. Ich fragte mich ernsthaft, wie das nur morgen werden sollte, wenn wir nur durchs Packen schon so fertig waren. Denn morgen wartete auf uns eine Marathonreise.

Wir waren so erschöpft und glücklich, dass wir noch mit laufender Musik Arm in Arm friedlich einschlummerten.

***

Meine Mutter weckte uns um halb neun, was mir peinlich war, weil Levi und ich etwas, naja, enger im Bett lagen. Vor allem hatte sie anfangs ziemlich daran zu knabbern gehabt, dass ich nun Levi als Freund hatte. Aber daran hatte sie sich mittlerweile gewöhnt und war in so manchen Dingen einfach cooler geworden. Nach einem ausgiebigen Frühstück, stieg meine Aufregung, da ich noch nie in meinem Leben geflogen war. Als wir schließlich im Auto saßen und zum Flughafen fuhren, griff ich nach Levis Hand und legte sie auf mein Dekolleté, damit er spüren konnte, wie sehr mein Herz schlug. Die Ruhe, die er ausstrahlte, war auch an der wohligen Wärme seiner Hand spürbar und tat mir in diesem Moment so richtig gut, auch ohne Worte.

Ich grinste ihn von der Seite an und flüsterte: „Aufregung scheint nun bei mir Dauerzustand zu werden, dank dir."

„Etwas Adrenalin schadet nicht, aber fliegen ist nun wirklich nichts Besonderes", meinte er sanft, während er seine Hand in meine legte.

Ich rümpfte die Nase. „Für dich vielleicht, aber ich saß noch nie in so einem fliegenden Monstrum", antwortete ich etwas patzig.

„Du findest aber auch für alles einen anderen Begriff", sagte Levi schmunzelnd.

„Hä, wieso?", fragte ich und zog die Augenbrauen zusammen.

„Na, für Fingernägel Krallen und nun für ein Flugzeug fliegendes Monstrum. Aber vielleicht kann ich dich beruhigen, in dem ich dir sage, dass ich Business Class gebucht habe?"

„Nicht dein Ernst! Das ist doch schweineteuer!" Ich konnte es nicht fassen, sodass ich etwas lauter sprach als gewollt.

„Könntest du bitte nicht so laut schreien?!", meldete sich meine Mutter zu Wort.

„Bist du überhaupt nicht überrascht, Mom?", fragte ich entsetzt.

Sie lachte amüsiert, was ich zusätzlich durch den Rückspiegel erkennen könnte. „Ne, auch das wusste ich schon."

Ich fühlte mich vorgeführt wie ein kleines Kind, das auf Reisen ging, trug es aber mit Fassung, da es irgendwie wunderschön war, ständig überrascht zu werden. „Jetzt sag doch mal, warum buchst du so teure Plätze?", schimpfte ich Levi.

Er verdrehte die Augen. „Ach, Katy, fange doch bitte nicht schon wieder mit dem Geldthema an, genieße lieber." Ich gab nach und dachte die restliche Fahrt darüber nach, wie es wohl sein würde, mit dem Flieger über den Wolken zu schweben.

***

Am Flughafen brachte uns noch meine Mutter zum richtigen Schalter, wo wir uns dann ungewöhnlich kurz verabschiedeten. „Pass gut auf dich auf und mach keine Dummheiten, Liebes. Hab dich lieb, vergesse das nicht." Dann drückte sie mir einen Kuss auf die Stirn und ließ mich mit Levi an der Hand alleine stehen.

Meine Perplexität fiel auch Levi auf, sodass er mir zuflüsterte: „Sie braucht bestimmt so einen kurzen Abschied, damit es nicht allzu schwer für sie wird, ihre wunderhübsche Tochter gehen zu lassen. Komm auf ins Abenteuer, oder?"

„Auf ins Abenteuer!", sagte ich, während ich die riesige Schlange vor dem Schalter bis zur ihrem Ende verfolgte. „Abenteuer Nummer 1: An riesigen Schlangen anstehen!", fügte ich grinsend hinzu. Und Levi musste auch lachen, während er mich umarmte und wir uns am Ende der Reihe anstellten.

Kapitel 19

Levi

Nachdem Katy und ich unsere Koffer an der Gepäckaufgabe abgegeben hatten, fiel mir auf, dass Katy in den kleinen Holzmarienkäfer, den ich auf den Briefumschlag geklebt hatte, in dem sich die Flugtickets befanden, ein Loch gebohrt hatte. Sie trug den kleinen Marienkäfer tatsächlich nun um ihren Hals. „Du benutzt den kleinen Marienkäfer als Glücksbringer?", fragte ich verdutzt, während wir an unserem Gate bis zum Einlass ins Flugzeug warteten.

„Ja und nein. Er ist schon irgendwie ein Glücksbringer für mich, wenn du mal nicht da sein solltest, was ich natürlich nicht hoffe. Aber ansonsten ist er einfach nur ein hübscher Anhänger und zu gleich Erinnerung an meinen besten Geburtstag in meinem Leben. Denn der eigentliche Glücksbringer bist du."

Mir fehlten die Worte, aber das war nicht schlimm, denn jedes Wort erübrigte sich, als ihre Lippen auf meine trafen und mir die Sinne raubten. Der sinnige Kuss wurde wenig später durch eine Durchsage unterbrochen:

Sehr geehrte Fluggäste, für den Flug sieben drei acht beginnt in Kürze das Boarding. Bitte begeben sie sich zum Ausgang sechsundzwanzig.

Wir lösten uns voneinander und standen somit von unseren Stühlen auf und ich nahm Katy an die Hand, um mit ihr zum Ausgang sechsundzwanzig zu gehen, der nicht weit von unserem Warteplatz entfernt war. Dort angekommen mussten wir durch eine Schleuse, wo die Flugtickets eingescannt wurden. Es war eine separate Schleuse für Personen, die mit Business Class flogen. Es war für mich nicht wirklich eine Besonderheit zu fliegen, aber für Katy war selbst das Betreten des Flugzeuges ein Abenteuer. Wir gingen vorbei an einer freundlich grinsenden Stewardess, die uns eine Zeitschrift anbot, und erreichten auch gleich unsere Sitze in der Business-Class. Schön nebeneinander. Und für Katy am Fenster.

„Voila, hier sind wir!", sagte ich fröhlich und machte eine schwungvolle Handbewegung zu unseren Plätzen hin.

„Wow!", entfuhr es ihr. „Das sind unsere Plätze?"

Ich nickte amüsiert über Katys Unerfahrenheit und wir nahmen Platz, nachdem wir unsere Jacken und das Handgepäck sicher über uns verstaut hatten. Ich spürte, wie begeistert Katy von den Flugzeugsesseln war. Ihre Augen strahlten, als würden sie das ganze Flugzeug beleuchten wollen.

Als das Flugzeug mit einem recht angenehmen Start in den Wolken schwebte, fragte ich mich so langsam, warum Katy so still war. „Was ist los, meine Süße?"

Sie drehte ihren Kopf vom Fenster weg zu mir, sodass sie mir direkt in die Augen sah. „Ach, nichts."

Ich glaubte ihr ganz und gar nicht, denn ich war fest davon überzeugt, ein Fünkchen Traurigkeit in ihren Augen zu sehen.

„Das glaube ich dir nicht. Sag doch bitte, was los ist. Ich finde du siehst irgendwie traurig aus und ich finde auch, dass du keinen Grund hast traurig zu sein, weil du schließlich mit deinem Freund gerade Business-Class fliegst."

Ihre Mundwinkel zuckten kaum merkbar. „Da hast du allerdings Recht. Ich glaube, ich hatte eben nur so ein dämliches Tief, aus dem du mich Gott sei Dank gerade befreit hast."

Anstatt näher auf das Tief einzugehen, entschloss ich mich, sie abzulenken: „Vielleicht sollte ich dir jetzt einfach die nächste Überraschung offenbaren."

Auf einmal schien sie wie ausgewechselt und strahlte wieder. „Das klingt gut. Dann nur raus damit. Ich könnte mich echt an den Luxus mit den ganzen Überraschungen gewöhnen. Aber womöglich hast du irgendwann keine Überraschungen mehr parat."

„Ach, da mach dir mal bloß keine Sorgen. Das mit den Überraschungen werde ich schon nicht so schnell einstellen. Und hier ist die nächste: Wir sitzen gerade in einem Flugzeug…"

Sie fing an zu lachen. „Ach, nein. Das wusste ich ja gar nicht."

„He, nicht so voreilig. Ich habe meinen Satz noch nicht beendet. Und zwar fliegen wir gerade nach Los Angeles!", offenbarte ich fröhlich.

„Jaja, so stand es auch auf den Flugtickets“, meinte sie leicht gelangweilt.

„Ich meine, wir werden echten Boden von L.A. betreten. Wir werden uns die Stadt anschauen!“, offenbarte ich nun etwas genauer.

Und wieder strahlte sie hoch drei. Ich hatte noch nie eine Person in meinem Leben kennergelernt, die so schnell und oft ihren Gesichtsausdruck und Stimmung wechseln konnte. Nach einer Stunde servierte uns die nette Stewardess vom Eingang ein leckeres Menü. Katy war total beschäftigt mit essen. Als ich meinen Kopf nach links in ihre Richtung drehte und sie meinen Blick bemerkte, erwiderte sie ihn mit einem seligen Grinsen. Ich lächelte sie an und nun hatte ich mich verraten. „Was grinst du so? Hast du schon wieder eine Überraschung bereit?“, witzelte sie herum.

„Richtig geraten.“ Leise klatschte ich kurz zwei Mal in meine Hände.

Jetzt musste ich noch mehr grinsen.

„Nicht dein Ernst“, grinste auch nun sie äußerst charmant, zum Abknutschen süß.

„Du hast ja nichts dagegen, wenn wir uns in L.A. am Strand aufhalten werden?“ Ich presste meine Lippen aufeinander, nach dem ich die Frage ausgesprochen hatte.

Als sie das hörte, wurde aus ihrem frechen Grinsen ein Blick, den ich nicht beschreiben konnte, weil er nur so vor Freude übersprudelte. Und mit meinem Versuch, ihre unterschiedlichen Blicke herauszufordern, traf ich völlig ins Schwarze. Sie brachte es tatsächlich fertig, ihre Gesichtsausdrücke unheimlich schnell zu wechseln.

„Du bringst mich noch mit deinen verflixt geilen Überraschungen um den Verstand. Und du nutzt es schamlos aus. Ich weiß es. Es macht dir Spaß mir dabei zuzusehen." Sie wuschelt kurz mit ihren zarten Händen durch meine Haare.

„Ja. Damit hast du den Nagel auf den Kopf getroffen und hast mich mal wieder durchschaut", musste ich zwinkernd zugeben.

***

Als wir in L.A. landeten, hielt Katy meine Hand und ich spürte innerlich, wie froh ich war, diese Reise mit ihr begonnen zu haben, denn ich hatte das Gefühl, sie würde uns noch unzählig atemberaubende Momente schenken.

Wir stiegen aus dem Flugzeug aus, um vor dem Flughafen in ein Taxi einzusteigen. Ohne, dass Katy es merkte, wies ich den Taxifahrer an, zum Santa Monica Beach zufahren. Die Fahrt dauerte ungefähr eine halbe Stunde. Es war wunderschön im Vorbeifahren aus dem Fenster zu blicken und L.A zu betrachten, denn selbst ich war dort noch nie gewesen.

„Wir fahren also zu einem Strand…", versuchte Katy mehr aus mir heraus zu bringen.

„Allerdings. Und weiteres wirst du gleich erfahren. Hab etwas Geduld", versuchte ich ein Ratespielchen von Katy zu vermeiden. Ich hasste es nämlich, wenn sie mal wieder keine Geduld aufwies und dann das Raten begann, bis sie wusste, was sie wissen wollte. Als wir aus dem Taxi stiegen, platzte sie fast vor Neugierde. „Jetzt sag doch bitte welcher Strand es ist! Ist es der Santa Monica Beach?"

Langsam war ich leicht genervt. „Ja, der ist es. Kannst nicht einmal etwas Geduld aufweisen?" Ich verdrehte meine Augen.

„Tut mir leid, dass ich das gerade nicht konnte und dir die Überraschung weggenommen habe. Das ist ja Wahnsinn! Hätte ich gewusst, dass ich heute noch den Santa Monica Beach sehen würde, hätte meinen Bikini ins Handgepäck gesteckt. Wusstest du, dass man hier herrlich Frozen-Joghurt essen kann? Und Shoppen erst recht! Ich kann es gar nicht glauben, dass wir jetzt wirklich hier sind. Hier wohnen schließlich Stars. Also so richtige Stars wie Julia Roberts. Ich bin so aufgeregt. Du bist echt der Beste, Levi.", plapperte Katy munter vor sich hin.

Hätte ich gewusst, dass sie so derartig Ausflippen würde, hätte ich sicher einen weniger berühmten Strand ausgesucht, denn ein paar Leute drehten ihre Köpfe in Richtung uns. „Woher kennst du denn den Santa Monica Beach?"

„Mein Privatlehrer Mr. West hat Wissen über Städte gesammelt und mir immer davon erzählt, als er mich in Minneapolis unterrichtet hat."

„Wenn du so viel redest, komme ich gar nicht zu Wort. Rate mal, was ich hier im Handgepäck habe?" Ich klopfte auf die Tasche, die ich in meiner rechten Hand hielt.

Katys Augen fingen an zu strahlen und ihre Mundwinkel wanderten herrlich Richtung Ohren. „Nicht dein Ernst!"

Es waren ein paar wunderschöne kurze Stunden mit Katy am Strand, jedoch drängte die Zeit und wir mussten wieder zum Flughafen. Glücklicherweise waren die Koffer durchgecheckt und wir mussten uns nur um unser Handgepäck kümmern. Nachdem wir uns noch zum Abschluss einen herrlich schmeckenden Frozen-Joghurt an der Promenade vor dem Riesenrad genossen hatten, fuhren wir wieder gemütlich mit einem anderen Taxi zum Flughafen, wo wir dann schon knappe zwei Stunden später im Flugzeug saßen und vom Santa Monica Beach träumten.

„Levi, ich muss dir wirklich danken für das, was du uns heute alles ermöglicht hast. Der Abstecher war einfach herrlich. Man könnte meinen, es wäre ein Traum gewesen", sagte sie, während wir mit einer kühlen Cola anstießen.

Ich zwinkerte ihr zu. „Aber auch nur fast. Es ist nämlich eigentlich eine süße Dosis Realität."

Sie schnaubte leise. „Realität, die ich nie erleben hätte dürfen, wenn ich dich nicht hätte", flüsterte sie mir ins Ohr, während sie meinen Hals mit kleinen Küssen übersäte. Es kribbelte in meinem Bauch. Ich wusste nicht, ob es von den Vibrationen des Flugzeugs oder von Katys Worten ausgelöst worden war.

„Kribbeln im Bauch wird mich meinen Leben lang an diese Reise mit dir erinnern", meinte sie, als könnte sie Gefühle lesen.

Wir tauschten Blicke, die auch ohne Worte Bände sprachen und Katy hatte ihren Oberkörper auf meine Oberschenkel gelegt.

Als ich nach unbestimmter Zeit nach vorne rutschen wollte, um eine Zeitschrift aus dem Seitenfach zu ziehen, änderte ich schnell meine Absicht, denn Katy war eingeschlummert und ich wollte sie auf keinen Fall durch meine Bewegungen wecken. Ich schloss die Augen und traf kurzerhand die wundervolle Entscheidung, den Augenblick in seiner vollen Wucht zu genießen.

Kapitel 20
Katy

Während unseres wirklich komfortablen Fluges hatte Levi noch einige Überraschungen auf Lager. Entgegen meiner Annahme verkündete er mir im Flieger zum Beispiel, dass wir die ganze Zeit über nicht bei seinem Vater, sondern in einem Hotel im Zentrum von Melbourne wohnen würden. Eine weitere Überraschung bestand darin, dass wir bereits am nächsten Tag den Royal Melbourne Zoological Garden besuchen würden. Ich freute mich riesig, die heimischen Tiere in Ruhe bewundern zu können.

Mir kam die letztere Überraschung gerade richtig, da mein letzter Zoobesuch so lange zurücklag, dass ich mich schon gar nicht mehr daran erinnern konnte.

Der Flug war echt angenehm und durch die Business Class waren wir nicht zu sehr übernächtigt, wie ich befürchtet hatte, weil man auf den Sesseln echt gut schlafen konnte. „Na, wie war der Flug?", fragte Levi, als wir im Taxi saßen.

„Komfortabel. Perfekt. Anders kann ich es wirklich nicht ausdrücken. Auf jeden Fall bin ich jetzt auf das Hotel gespannt."

„Freut mich. Dann hat es sich gelohnt, Business-Class zu buchen. Ich freue mich auch auf das Hotel. Besonders auf das Essen."

Ich musste lachen. „Du hast tatsächlich schon wieder Hunger? Du hast doch gerade erst im Flugzeug gefuttert wie ein Weltmeister!"

„Wenn du wüsstest, wie gut das Essen in diesem Hotel ist, hättest du auch garantiert einen Bärenhunger." Seine Augenbrauen wanderten wissend nach oben.

„Das nennt man dann wohl eher Appetit. Ich wusste gar nicht, dass du schon in diesem Hotel warst. Du bist echt rumgekommen."

Im ersten Moment hatte ich das Gefühl, er würde schon die halbe Welt kennen und ich wäre besonders weltunerfahren. Aber als ich in Ruhe darüber nachdachte, wurde mir klar, dass es eigentlich total normal war, in meinem Alter noch nicht so viel von der Welt gesehen zu haben. Levi war dagegen etwas Außergewöhnliches mit seinen Reiserfahrungen, die er durch seinen Vater sammeln konnte. Außerdem hat nicht jeder einen Vater, der durch das Gründen einer Band erfolgreich wurde und somit das nötige Kleingeld hatte.

„Da wären wir", teilte uns der Taxifahrer von vorne mit. Perfekt, endlich nicht mehr sitzen, dachte ich mir und wollte die Türe öffnen, um auszusteigen. Doch Levi hielt mich zurück, mit der Begründung, uns würden Butler des Hotels die Türe öffnen und uns zum Zimmer bringen. Ich war dadurch etwas verunsichert und kam mit unglaublich unselbständig vor. Als könnte ich das nicht allein! Ich ließ diese Geste der Eleganz über mich ergehen und meine negativen Gedanken waren wenig später wie weggeblasen, als ich staunend das Hotel betrat. So eine Pracht hatte ich wirklich noch nie gesehen. Gläserne Aufzüge, Säulen aus Marmor, dicke Teppiche, plüschige Sessel und imposante Kronleuchter versprühten Luxus pur. Das Hotel war gigantisch groß und die Eingangshalle wirkt so unglaublich prunkvoll. Als ich vom Taxi aus das Hotel gesehen hatte, dachte ich mir noch nichts dabei, doch jetzt hatte ich das Gefühl, ich wäre in einem falschen Film gelandet. Einem Film voller

Luxus, der nur Promis gewidmet und ich versehentlich hineingeraten war.

Ich wusste gar nicht, wohin ich als Erstes schauen sollte. „Wow, das ist ja mal eine Ansage!", entfuhr es mir und meine Augen wurden so groß wie Wagenräder.

Levi schaute belustigt und fragte: „Eine Ansage für was?"

„Naja, die Eingangshalle verrät mir, in welchem Saus und Braus ich hier gelandet bin!"

Levi musste lachen. „Allerdings." Er sagte das so nüchtern, als wäre die Inneneinrichtung des Hotels Normalste der Welt.

Als uns der Butler durch einen langen Gang entlangführte, begriff ich langsam, dass ich für das, was ich hier erleben durfte, nichts bezahlen musste und dass das alles Levi zu verdanken war. So ein erstklassiges Geburtstagsgeschenk hatte ich noch nie bekommen.

Als der Butler gegangen war und wir uns unser Zimmer angesehen hatten, bekam ich ein schlechtes Gewissen, was Levi jedoch gleich widerlegte. „Erst der Flug, die ganzen Überraschungen und nun das Hotel. Ich möchte ja nicht undankbar erscheinen, aber ich will nicht, dass du so viel Geld für mich ausgibst", versuchte ich ihm zu erklären.

Nachdem ich meine Handtasche auf den Boden gestellt hatte, sagte er mich umarmend: „Für dich ist mir nichts zu teuer."

Meine Knie wurden weich und ich konnte mich nicht mehr auf meinen Beinen halten. Zum Glück stand ich gerade mit dem Rücken zu unserem Hotelbett, sodass ich mich mit ihm einfach fallen lassen konnte.

Levi nutzte diese Situation direkt aus und legte sich auf mich. Sein Brustkorb übte einen unglaublich angenehmen Druck auf meine Brüste aus. Langsam näherten sich unsere Lippen und wir küssten uns mit einer Leidenschaft, die meinen ganzen Körper in Wallung brachte. Plötzlich jedoch drückte sich Levi ab und rollte sich abrupt zur Seite. Ich folgte ihm mit den Augen und sein Gesicht verriet mir, dass es ihm echt schwer gefallen war, sich um dieses Stück von mir zu entfernen. Für einem Moment lagen wir beide kurzatmig nebeneinander und schwiegen. Nun rollte sich Levi zu mir und fragte: „Katy, nimmst du eigentlich die Pille?"

Mit dieser Frage gelang es Levi, dass ich mit einem Schlag vom Bauchmensch zum Kopfmensch wurde und ich konnte nicht gleich antworten. Die innere Stille meines überwundenen Mutismus schien für einen Moment zurückgekehrt zu sein. Ich konnte ihm einfach keine Antwort geben und ich konnte noch mal richtig sagen warum.

„Was ist? Das darf ich doch fragen, als Freund von Katy Oram."

„Jaja, kein Problem", brachte ich langsam heraus.

„Oder musst du überlegen?", fragte er.

„Ja", beeilte ich mich zu sagen, obwohl es nicht stimmte.

„Also, was ist jetzt?", wollte Levi nun endgültig wissen.

„Ja, ich nehme sie", versuchte ich mit möglichst fester Stimme zu sagen, was mir aber vermutlich nicht gelang. „Ich nehme sie seit zwei Jahren."

Ich fühlte Levis Blick auf meiner rechten Gesichtshälfte, während ich wie gelähmt an die mit Stuck besetzte Suite-Decke schaute, denn ich wusste intuitiv, dass ich dahinschmelzen würde, sobald sich unsere Blicke treffen würden. Mein Verstand schien mein Bauchgefühl mit dieser Maßnahme zu überlisten, denn ich war mir noch sicher, ob ich schon so weit war.

Als ich aus dem Augenwinkel wahrnahm, wie Levi seine rechte Augenbraue hochzog, wurde mir erst klar, was er gedacht haben musste. Jetzt dachte er, ich hätte sie zur Verhütung gebraucht!

Fuck. Ich biss mir mit den Zähnen auf die Lippe, musste nun grinsen und schaute zu ihm herüber. „Nein, nicht das, was du denkst. Ich habe sie nicht zur Verhütung oder dergleichen gebraucht, sondern bisher lediglich zu Bekämpfung meiner noch vor zwei Jahren vorhandenen Akne."

„Genau, bisher…", sagte Levi und wirkte gelöst.

Schon wieder Fuck. Ich hatte gewusst, dass das irgendwann kommen würde, jedoch nicht so rasch. Sollte ich antworten: ‚Ja super Idee. Lasst uns gleich loslegen und in die Kiste steigen'? Nein, es war besser, wenn ich ganz ehrlich zu ihm war. Schließlich war er mein Freund und würde, meine Gefühle und Bedenken sicher ernst nehmen. Jetzt setzte ich mich auf und schaute ihn zurückhaltend an. „Ich weiß noch nicht, ob ich wirklich schon so weit bin…!"

Auch Levi setzte sich auf und unterbrach mich. „Hey." Er legte mir liebevoll seine Hand auf meine Schulter und wir schauten uns in die Augen. Mit eindringlichem Blick und betont ruhig, sprach er: „Hör zu, Katy. Egal, ob es morgen oder in vier Monaten passiert, es wird mit Sicherheit die schönste Nacht meines Lebens werden, das weiß ich genau. Aber ich möchte, dass du die Entscheidung, *wann* du mit mir schläfst, für dich selbst triffst und für niemand anderen, okay?" Ich nickte schnell und ich konnte nicht anders, als auf die Zimmerdecke zu schauen.

„Gut, dann gehen wir essen", sagt er daraufhin und beendete diesen für mich schwierigen Moment.

Halleluja, war ich froh, dass das Thema für ihn so schnell gegessen war. Wortwörtlich, denn er dachte schon wieder an Essen und das nahm ich als Beweis dafür, ihn nicht gekränkt zu haben. „Ja gut, dann gehen wir essen. Wohin eigentlich? Also welches Restaurant?", wollte ich wissen.

„Wir treffen gleich meinen Vater unten im Hotel zum Frühstücken."

„In *der* Eingangshalle?" Meine Augen strahlten voller Hoffnung diese Pracht an Luxus noch etwas ausgiebiger betrachten zu können.

Levi schmunzelte. „Ja fast, die Frühstückslounge liegt seitlich und ist mit einer Glasfassade versehen, die uns einen herrlichen Blick auf Melbourne freigibt."

Das klang vielversprechend, auch wenn mein Hunger nach all den Turbulenzen in meinem Bauch noch nicht so ausgeprägt war. Ich freute mich dennoch darauf, Levis Vater kennenzulernen und in Ruhe die Pracht des Hotels bestaunen zu können. Denn für Letzteres hatte ich eben nicht genügend Zeit gehabt, weil wir ja dem Butler hinterherlaufen mussten, der ziemlich zackig gegangen war.

***

In der Frühstückslounge angekommen, hielt Levi Ausschau nach seinem Vater. Als Levi ihn kurze Zeit später an einem der Tische entdeckt hatte, führte er mich händchenhaltend dorthin.

„Du musst Katy sein", begrüßte mich ein Herr, der eine gewisse Ähnlichkeit mit Levi hatte. Er war schwungvoll aufgestanden und schüttelte mir herzlich die Hand. „Nehmt doch bitte Platz", sagte er mit einem warmen Lächeln.

Levi und ich ließen uns auf den äußerst bequemen bordeauxroten Sesseln nieder, die um einen weißen Tisch herumstanden, der mit dezentem Gold verziert war. Weiße Skulpturen schmückten den prunkvollen Frühstückssaal. Ein erlesenes Buffet lud uns zum Genießen ein. Ein kleines Orchester spielte leise Hintergrundmusik auf einem kleinen Podium, dass am hinteren Ende des Saals platziert war.

„Mein Name ist John Berry und ich bin Levis Vater.", stellte er sich kurz darauf vor. „Wollt ihr euch nicht gleich schon mal am Buffet bedienen?", schlug er vor.

Das ließ ich mir nicht zweimal sagen und wählte als Frühstück eine Schale Joghurt mit Schokomüsli aus.

„Papa, willst du nichts essen?", fragte Levi, als wir mit unserem Frühstück wieder zurück an unserem Platz waren. „Doch, doch, ich hole mir jetzt etwas." Damit stand Levis Vater auf und ich hatte die Möglichkeit Levi eine Frage zu stellen, die mir schon die ganze Zeit unter den Fingernägeln brannte, seitdem wir hier unten in dem Saal waren. „Weißt du wer diese mysteriösen Personen an dem Tisch hinter deinem Vater sind, die ihn nicht aus den Augen lassen?"

„Das sind die beiden Bodyguards von Dad." Sein Tonfall war wieder so nüchtern, was vielleicht daran lag, dass es für ihn nichts Neues war.

Ich hingegen war ziemlich überrascht, denn ich hatte nicht gewusst, dass er so berühmt war. „Ist dein Vater so berühmt?", entfuhr es mir etwas lauter als beabsichtigt.

„Jahrelang hatte er Bodyguards abgelehnt, aber vor vier Jahren hatte ihn eine Fangruppe so bedrängt, dass er seitdem von Notwendigkeit überzeugt war", flüsterte mir Levi zu.

John war mittlerweile mit seinem äußerst üppigen Frühstück zurückgekehrt. „Wie war eucr Flug?"

„Sehr angenehm", bemühte ich mich möglichst vornehmen, passend zu dem Prunke des Saales, zu sagen.

„Das freut mich. Levi, wie hat dir L.A. gefallen?", interessierte sich John mit einer angenehmen Zurückhaltung, die zu seiner unauffälligen Kleidung passte.

„Obwohl wir ja nicht allzu viel Zeit hatten, konnte ich einen sehr positiven Eindruck der Stadt gewinnen. Wir waren am Santa Monica

Beach und wir hatten echt Glück mit dem Wetter. Wir konnten sogar baden." Levi grinste ebenfalls zurückhaltend.

Wir saßen auf unseren Sesseln und aßen gemütlich. Besser gesagt, war ich soeben fertig geworden und war auch wirklich satt. Levi und John hingegen aßen immer noch und ihre Teller wollten nicht leerer werden. „Du frühstückst aber heute ausgiebig", erlaubte ich mir trotz der Anwesenheit von John mit einem Augenzwinkern zu bemerken, während ich ihm erst in die Augen blickte und schließlich den Blick über den üppig gefüllten Teller wandern ließ: Dort lagen unter anderem ein Traubenspieß neben Kaviarschnittchen und Mangoscheiben neben Lachsgratin. Es war nicht nur farblich eine Augenweide!

„Nicht unbedingt. Aber wenn es gerade so gut schmeckt."

Ich musste grinsend. Wenigstens aß er gesunde Dinge. Oh Gott, warum machte ich mir bloß Gedanken darüber, was Levi aß.

„Hast du Geschwister, Katy?", riss mich John aus meinen bizarren Gedanken. „Nein, ich habe keine", war meine Antwort.

„Levi, du müsstest doch auch deine Großeltern hier in Melbourne haben", begann ich gleich das nächste Gesprächsthema.

„Es lebt nur noch mein Grandpa, also Johns Vater hier. Meine Grandma ist schon so lange tot, dass ich sie nie kennengelernt habe. Sie soll eine wirklich nette Person gewesen sein, mit einem Sammlerinstinkt. Sie hatte alles gesammelt, sogar die unnötigsten Dinge."

„Ja, das stimmt. Sie ist kurz vor Cadens Geburt gestorben und hat mir all ihre Sammlungen überlassen", mischte John sich mit ins Gespräch.

„Oh, das tut mir leid. Und was ist mit deinem Grandpa? Hast du vor, ihn hier während unseres Aufenthalts zu besuchen?" Mein Blick fiel wieder nach rechts, wo Levi saß.

„Nein. Mein Vater und ich, also wir haben keinen wirklich guten Draht zu ihm", erklärte mir Levi.

John erklärte es genauer: „Ja das stimmt. Ich bin bei ihm mit fünfzehn Jahren ausgezogen, weil ich es bei ihm nicht mehr aushalten konnte."

Ich wusste nicht was ich darauf antworten sollte und setzte ganz einfach eine traurige Miene auf. Anscheinend bemerkte John meinen

Gesichtsausdruck und versuchte die Stimmung mit einem ganz neuen Thema aufzuheitern. „Und ihr geht morgen in den berühmten Zoo in Melbourne?"

„Ja, das hatten wir uns so vorgenommen. Ich habe sogar schon die Eintrittskarten im Internet auf der Website vorbestellt, damit ganz entspannt an der vermutlich langen Schlange an der Kasse vorbeispazieren können", sagte Levi.

„Das ist eine wirklich gute Idee. So, ich muss jetzt los. Die Arbeit wartet. Euch noch einen schönen Tag", sagte John im Aufstehen. Gleichzeitig mit ihm standen auch die beiden seltsamen Bodyguards auf.

„Danke, dass du dir Zeit genommen hast", entgegnete ich.

„Ja, bis bald", sagte auch Levi zum Abschluss.

Als John schon in Richtung Ausgang gegangen war, standen wir ebenfalls auf und gingen in unser Zimmer. Oder was es eigentlich besser beschrieb: Unsere Suite.

Kapitel 21
Katy

„Hast du schon das Badezimmer gesehen?“, rief ich, als ich nicht glauben konnte, was ich sah. Ein wunderbar großzügiges Marmor-Badezimmer grenzte an unser Schlafzimmer. Eine ziemlich große Badewanne gehörte auch dazu. „Schön was?“, fragte Levi, der im Türrahmen erschienen war.

„Ich glaube da wird mein Lieblingsplatz sein.“ Ich deutete auf die Badewanne.

„Du badest wohl gerne. Und du wirst sicher noch lieber darin baden, wenn ich dir sage, dass das eine Wirlpool-Badewanne ist.“ Levi grinste mich an.

Ich kam aus dem Staunen gar nicht mehr raus. Eine richtige Wirlpool-Badewanne, so etwas nobles. Ich konnte nicht begreifen, dass das, was immer in weiter Ferne und der Welt von Promis lag, mir jetzt ganz nah war. „Wie cool. Ich glaube, die teste ich gleich mal. Oder hast du etwas anderes vor?“

Er schüttelte schnell den Kopf. „Nein. Lass es dir gut gehen in den Strudeln und ich kann in der Zeit lesen. Ich habe mir ja schließlich nicht umsonst ein super gutes Buch gekauft“, antwortete er selbstlos.

Super, dachte ich mir. Levi war immer so unkompliziert. Das war eines der unzähligen Dinge, die ich an ihm liebte.

Er drehte sich um und setzte sich mit seinem Buch auf einen Sessel, der vor dem großen Fenster schräg gegenüber vom Bett stand. Ich schloss die Badezimmertüre und lies die Badewanne mit Wasser volllaufen. Währenddessen zog ich mich aus. Ich überlegte, ob ich die Türe besser zuschließen sollte. Jedoch kam mir das übertrieben vor und ich vertraute einfach, dass er nicht hereinkam. Ich holte aus meinem Kulturbeutel ein Tütchen Badesalz mit Rosenduft heraus, was ich für alle Fälle mitgenommen hatte und gab es in die mittlerweile mit Wasser befüllte Badewanne.

Als ich das Bad genoss und mein Körper sich nach der langen Reise zum ersten Mal so richtig entspannen konnte, spürte ich, wie erschöpft ich nach dem langen Flug war. Fliegen schön und gut, aber selbst nach einem Flug in der Business Class, war ich total müde. Meine Finger spielten mit dem Schaum, der auf dem Wasser schwamm. Durch das Badesalz war das Wasser rosa gefärbt und es duftete wie in einem ganzen Rosengarten. Gemächlich atmete ich tief ein und aus und spürte, wie meine Augen langsam zufielen. Ich schlummerte ein.

***

„Ich bin fertig mit baden", sagte ich schon wieder angezogen zu Levi.

„Du hast aber lange gebraucht. Warst du jetzt ernsthaft eine Stunde in der Badewanne oder hast du noch was anderes da drin gemacht?", fragte er.

Eine Stunde? Klar, ich hatte keine Ahnung, wie lange ich da im Rosenwasser gesessen hatte. „Ich bin eingeschlafen."

Levi legte sein Buch zur Seite und kam auf mich zu. Er umarmte mich und gab mir einen Kuss auf die Lippen. So fühlte sich Urlaub an. Zeit für uns.

„Dann warst du aber wirklich müde oder vollgefuttert von dem köstlichen Frühstück", meinte
Levi.

„Müde trifft es wohl eher. Vollgefuttert kann
man ja eher von dir behaupten. Ich habe nicht
sonderlich viel gegessen, da ich ja schon im Flugzeug bewirtet worden war", lachte ich ausgelassen, während ich mich auf das Bett fallen ließ.

Levi kam zu mir und kuschelte sich seitlich an
mich. Ich drückte ihm sanft einen Kuss auf seine
perfekten Lippen. Stürmisch erwiderte er ihn
und legte seine Hände an meine Hüfte, damit er
mich fester an sich ziehen konnte. Ich hielt es
nicht mehr länger aus, ihn nicht noch mehr zu
berühren, deshalb legte ich meine Hand auf seinen Hinterkopf und wuschelte ihm durch sein
weiches Haar. Ohne nachzudenken, rollte ich
mich auf ihn. Es war wundervoll. Ich spürte, wie
sich die Stimmung zwischen uns steigerte. Ich
fühlte mich wie elektrisiert und es machte sich in
mir ein ungewohnt starkes Gefühl im mir breit.
Es war wie ein wärmendes Feuer, das Besitz von
mir ergriff.

Levi stellte das Küssen ein. Er sah mir tief in
die Augen und es kribbelte richtig in meinem
Körper. „Der richtige Zeitpunkt?", fragte Levi

mit so einer unglaublichen Sanftheit, die mich automatisch nicken ließ, obwohl ich überhaupt nicht richtig über die Frage nachgedacht hatte. Klammheimlich hatte sich mein Bauchgefühl einen Sieg über meinen Verstand erschlichen. Er fuhr schließlich mit seinen Fingerspitzen an meine nackten Armen ganz langsam auf und ab und übersäte mich mit kleinen Küssen, die dazu beitrugen, dass sich mein Körper so anfühlte, als wäre er ein Stromkabel, bei dem aus jedem Ende Strom schoss. Ich spürte, wie sich die Atmosphäre in der Suite zwischen uns veränderte, als ich mich von Levi rollen ließ und ich unter ihm landete. Ich fühlte mich sogar etwas benommen, als Levi mich fragte: „Trägst du eigentlich einen Slip unter deinem Kleid?"

Ich konnte ihm nicht antworten, weil er sich gleichzeitig auszog und mir dadurch all meine Sinne raubte. Um ihm seine Frage doch zu beantworten, streifte ich mir einfach mein weißes Kleid über den Kopf und ließ es neben dem Bett auf den Boden fallen. Herzklopfend war ich mir sicher, dass ihm die Antwort auf seine Frage unwichtig war, als sein Blick auf meine Brüste fiel. Ich war froh, mich eben nach dem Baden für diesen cremefarbenen BH entschieden zu haben, weil er mit Spitze fein bestickt war und meine

Brüste perfekt verpackte. Der Anblick meiner perfekt verpackten Brüste war Levi anscheinend dennoch nicht genug und er entblößte sie etwas unbeholfen. Sofort stürzte er sich wieder auf meine Lippen und küsste mich stürmisch, während er dazwischen hervorstieß: „Sag mir, was du willst."

Ich wollte ihn. Ich wollte ihn spüren. Ich atmete ein und aus und versuchte seinen Duft zu inhalieren. „Dich", stöhnte ich leise. „Ich will dich. Jetzt."

Mir blieb fast das Herz stehen, als ich an meiner Mitte seine Erektion spüren konnte. „Ich will, dass es dich förmlich hinwegfegt", sagte Levi um Luft ringend, während er mir zwischen jedem der Wörter einen Kuss auf den Hals gab. Er streichelte vorsichtig und zärtlich meine Brüste, samt hart werdender Brustwarzen. Unter der Wucht von Levis eindringlichem Blick, hatte ich das Gefühl mein Körper würde beben und es änderte sich erst, als wir eins wurden. Von Levi um den Verstand gebracht, wimmerte ich auf, während er den Rhythmus beschleunigte.

Kapitel 22

Levi

„Guten Morgen", begrüßte mich Katy am nächsten Morgen etwas schüchtern, als sie gerade erwacht war.

Ich hatte schon geduscht und stand neben Katy am Bettrand. „Ich hoffe, du hast nichts dagegen, wenn wir nicht unten frühstücken gegen", entgegnete ich.

„Ich habe aber *schon* Hunger", sagte sie und verzog ihren zuckersüßen Mund.

„Jaja, ich auch und deshalb frühstücken wir heute im Bett. Ich habe Frühstück aufs Zimmer bestellt." Genau in diesem Moment klopfte es an die Tür und als ich sie öffnete, schob ein Zimmermädchen einen kleinen Wagen ins Zimmer mit einer sehr reich bestückten Etagere. Kurz darauf

verschwand sie auch schon wieder, ohne auch irgendetwas von sich zu geben. So ein unfreundli-
ches Zimmermädchen hatte selbst ich noch nicht
erlebt, obwohl ich schon in einigen Hotels war.
„Wow, jetzt bin ich aber schwer beeindruckt",
entfuhr es Katy.

„Ist das ironisch gemeint?", fragte ich unsicher, woraufhin ich meine rechte Braue nach
oben zog.

Lächelnd schüttelte sie kurz ihren Kopf. „Ne,
ich meine das ernst. Ich habe noch nie solch ein
reichhaltiges Frühstück in meinem Bett gegessen.
sen. Und das nur für mich…!"

„Und für mich", konnte ich mir nicht verkneifen, als ich mich zu Katy ins Bett bewegte und
das große Tablett mit dem Frühstück und einen
bunten Korb mit getoastetem Toastbrot zwischen uns stellte. „Greif zu." Die Etagere war
dreistöckig. Ganz oben waren Äpfel und Manda-
rinen für uns blumenförmig angerichtet. Darun-
ter lagen Käse und Wurst mit Essiggurken verziert. Aus der unteren Etage lachten uns Rühr-
und Spiegelei mit Baked Beans entgegen. Ich
liebte diese Bohnen. Also nahm ich mir zuerst etwas mit dem Löffel auf meinen Teller. Dazu
kombinierte ich noch ein köstlich aussehendes

Toast, was auf einem Extrateller serviert worden war. Mit einem Blick zu Katy hinüber fiel mir erstmals auf, wie männlich Katy aß.

„Ich will ja nicht unfreundlich erscheinen, aber mir fällt auf, dass du wie ein Kerl isst", kommentierte ich nüchtern.

Katy verschluckte sich. Zum Glück nicht allzu schlimm. Sie schaute mich entgeistert an. Und ich bereute es augenblicklich, dies gesagt zu haben.

„Wie kann man denn wie ein Kerl essen?", fragte sie erschrocken.

„Aber deine Oberweite ist definitiv ganz Frau", fügte ich schnell hinzu, ohne ihre Frage zu beantworten. Sie starrte mich mit offenem Mund an und ich war insgeheim froh, dass er leer war.

„Was ist?", fragte ich unschuldig. „Ich habe dir doch schon vor einiger Zeit versichert, was ich von deiner Oberweite halte. Und wenn ich dir doch sage, sie ist perfekt, musst du es mir einfach glauben. Sogar noch besser als ich sie in Erinnerung hatte."

Ihr Gesichtsausdruck hatte sich immer noch nicht entspannt, so wie ich es mir durch mein Kompliment erhofft hatte.

„Vor einiger Zeit? Wie lange haben wir geschlafen? Nicht länger als zwölf Stunden." Sie war verwirrt.

„Ja, gestern. Du nimmst es aber genau", sage ich gedehnt, bevor ich mir einen Mandarinenschnitz in den Mund schob.

„Ist irgendetwas? Also mit gestern", fragte sie noch verwirrter.

„Nein, gestern hatte ich mit meiner Freundin Sex und ich finde wir haben körperlich sehr gut harmoniert. O.K?", jetzt war auch ich irgendwie ein Fünkchen verunsichert, denn ich hatte das Gefühl ein Missverständnis läge zwischen uns.

Es entstand ein kurzes Schweigen, was Katy glücklicherweise mit einem Lachen unterbrach. „Gut harmoniert? Sag's doch bitte weniger hochgestochen: Ich zumindest fand es uferlos geil mit dir gestern."

„Wow, so eine Ausdrucksweise habe ich aber auch noch nie von dir gehört. Aber ja, das trifft es auf den Punkt. Eindeutig." Ich grinste so sehr, dass mir augenblicklich meine Wangen schmerzten.

„Wir gehen ja heute in den Zoo, richtig?", wechselte Katy schließlich das Thema und meine Wangen entspannten sich allmählich.

„Ja, wir sollten sogar in der nächsten Stunde aufbrechen", gab ich ihr Recht.

Katy ging nach dem wirklich köstlichen und zu gleich gemütlichen Frühstück duschen und war überraschend schnell in einem hübschen Outfit, bestehend aus einer Bluejeans und einer geblümten Bluse, für den Zoo bereit. Ich trug ebenfalls eine Jeans, die allerdings zu einem blauen Poloshirt kombiniert worden war.

Der Zoo Eingang war ein großes Gebäude in den Naturfarben Gelb und Braun-Orange. Da der Zoo erst um neun öffnete, mussten wir sogar fünf Minuten warten, bis wir hinein gehen durften. Demnach waren wir auch die ersten Besucher. Da ich den Zoo schon vor einigen Jahren besucht hatte, konnte ich Katy direkt an die Gehege mit den interessantesten Tieren führen. Vergleichbar mit einem kleinen Kind betrachtete sie interessiert die Tiere in ihren weitläufigen Gehegen. Es gab die verschiedensten Tiere zu bewundern: Vom Emu, über das Känguru bis zum Elefanten. Wir konnten uns gar nicht satt daran sehen, den flinken Affen beim Klettern zuzusehen. Und Katy war sogar so begeistert von ihnen, dass ich sie fast nicht mehr wegbekommen hätte. Auf dem Weg zum Löwen-Gehege, erzählte sie: „Ich wollte als kleines Kind immer einen Affen. Meine Eltern hatten es nicht leicht, diesen Wunsch zu erfüllen. Und nach langem Betteln bekam ich schließlich einen kleinen Stoffaffen, der sich immerhin bewegen konnte. Ich gab mich mit diesem Kompromiss irgendwann zufrieden, allerdings faszinieren mich diese Wesen immer noch auf besondere Weise."

„Ja, das habe ich gerade bemerkt." Ich versuchte meiner Antwort einen nicht allzu genervten Klang zu verleihen. Ich hätte mir diese Mühe trotzdem sparen können. „Bist du genervt?", fragte Katy nämlich.

Ich gab keine Antwort. Und das gab Katy schon die Antwort.

„He, nicht genervt sein. Weißt du was? Ich finde, diese Mammutbäume stellen immer wieder meine Vorstellungskraft auf die Probe." Und schon waren wir bei meinem Thema, was mich jedes Mal in Australien beschäftigte. Meine Stimmung war wieder super gut und ich begann zu

erzählen: „Bäume, genauer gesagt, der Wald beschäftigt mich schon lange ganz besonders, immer wenn ich hier in Australien bin. Bäume verkörpern die Zeit." Ich zeigte auf einen besonders
großen Baum auf der weitläufigen Wiese, der
Emus. „Der hier. Der hat bestimmt so einige
Kriege überlebt. Bäume unterhalten sich nicht
wie wir Menschen mit Worten und Buchstaben,
sondern mit Düften. Riech mal. Kannst du auch
den Duft der Bäume und Pflanzen wahrnehmen?" Katy schwieg und wirkte zugleich nachdenklich.

Wir gingen an dem Löwen-Gehege vorbei
und beobachteten angeekelt einen Löwen, der
auf einem Felsen lag und ein großes Stück
Fleisch zerfetze. Schnell wendeten wir uns ab
und traten auf eine Grünfläche mit altem Baumbestand. Als ich an einem der Bäume empor
schaute, erinnerte ich mich an einen bedeutenden Satz und sagte zu Katy hingewendet: „Ich
habe einmal einen wirklich wunderschönen philosophischen Satz gelesen: Tiere beherrschen
den Raum, Pflanzen die Zeit."

Katy war überraschend still. Sie wusste
scheinbar nicht, was sie sagen sollte. Das merkte
ich, wie so oft, an ihrem Gesichtsausdruck.

„Jetzt hast du mir aber eine wirklich naturbezogene Seite von dir gezeigt. So kenne ich dich gar nicht!", stammelte sie schließlich.

„Habe ich dich damit erschrocken?", fragte ich, als ich wieder gedanklich in der Realität angekommen war.

„Wenn ich ehrlich bin… schon irgendwie. Welche verborgenen Seiten mag es an dir noch geben?", sagte sie mit einem Schmunzeln.

„Keine Sorge, ich führe ganz sicher kein Doppelleben, sodass du nichts zu befürchten hast!", versuchte ich sie zu beruhigen. „Spätestens seit gestern habe ich das Gefühl, du kennst mich in- und auswendig."

Sie blickte mich an und lächelte über beide Ohren verliebt.

Nach einem innigen Kuss, genossen wir weiterhin den Aufenthalt im Zoo, der so wunderschön naturbelassen war. Es war ein Glück für die Tiere hier und für mich als Besucher.

***

Wir verbrachten erstaunlich lange vier Stunden im Zoo, sodass ich uns spontan ein Restaurant für einen Mittagsimbiss ausfindig machte, in dem wir uns eine gesunde Stärkung gönnen wollten. Auf grünen Kunstleder-Bänken saßen wir in dem Snackrestaurant und aßen vegetarische Potato-Pies, also gefüllte Teigtaschen mit Kartoffel und Gemüse. Als ich gerade meinen letzten Bissen hinuntergeschluckt hatte, klingelte mein Handy in meiner Sweatshirt Jackentasche. Das Display verriet mir, dass es mein Vater war. Also keinen Grund nicht ranzugehen.

„Hallo? Levi hier", meldete ich mich gutgelaunt. „Ja, hallo Levi. John hier. Ich habe gerade eigentlich keine Zeit, aber ich wollte fragen, ob ihr heute Abendessen gehen wollt. Also ihr seid eingeladen. Ihr würdet von einem Chauffeur um halb sieben am Hoteleingang abgeholt werden, wenn euch das recht ist." Im Hintergrund hörte ich laute Musik und Stimmen. Er befand sich bestimmt gerade mitten in einer Probe und war für einen kurzen Moment nicht an der Reihe.

„Warte kurz." Ich hielt mein Handy ein Stückchen von meinem Ohr entfernt, damit mein Vater nicht alles hören konnte. Nach einer kurzen Besprechung mit Katy, sagte ich: „Ja, dann sehen wir uns heute Abend. Danke für die Einladung schon mal. Katy freut sich." Das kurze Telefonat war damit beendet und Katy und ich hatte eine Verabredung für heute Abend.

Kapitel 23

Katy

Seit gestern schwebte ich in Wolke sieben. Zugegebenermaßen war es mein erstes Mal und ich hatte deshalb keinerlei Vergleiche. Aber dennoch ich war zu einhundert Prozent sicher, es hätte nicht besser laufen können. Und als wäre das noch nicht genug, saß ich nun in einer Limousine, die uns zu dem Treffen mit John bringen würde. Abgefahren. Sie war schick. Sehr schick. Besonders die Ledersitze.

„Na, wie findest du es so?", erkundigte sich Levi bei mir mit einem Schmunzeln.

„Luxuriös. Ziemlich sogar. Fast schon etwas zu viel", antworte ich abgehackt, während ich mich staunend umsah. Ich hatte wirklich den Eindruck, ich wäre in eine Luxusschiene gefallen, die mich dermaßen ins verwöhnt sein katapultierte, dass ich mir schon Sorgen machte, all den Luxus zu verlieren, den ich nur durch Levi genießen konnte. Auch als ich das Restaurant betrat, in dem wir uns treffen wollten, war ich komplett mit Luxus umgeben und mir wurde erst jetzt klar, wie reich Levis Vater sein musste. Die ganze Einrichtung des Restaurants war so schnieke, dass mir ganz schwindelig wurde. Alles war so hell und auf Hochglanz poliert. All das vernahm ich jedoch nur am Rande. Meine Aufmerksamkeit galt vor allem den Menschen, die vornehm an ihren Tischen speisten. Sie waren ausnahmslos schick, und sicher auch teuer gekleidet. Die Frauen trugen Abendkleider, die sicher genauso gut von prominenten Personen auf dem roten Teppich getragen werden konnten. Die Männer steckten in schimmernden Anzügen, die bei mir gleich Bilder von heißen Typen aus Romanzen in meinem Kopf wachriefen. Ich wurde aus meinen Gedanken gerissen, als ich schließlich von John herzlich begrüßt wurde: „Hallo Katy, schön, dass ihr meiner Einladung gefolgt seid. Ich hoffe, ihr seid zufrieden mit meiner Auswahl des Restaurants. Setzt euch bitte."

„Ich bin mehr als zufrieden. Danke für die Einladung. In einem derartig schicken Restaurant war ich noch nie." Ich lächelte freundlich.

Nachdem wir unsere Bestellungen aufgegeben hatten, brannte mir plötzlich eine Frage unter den Nägeln: „Darf ich dich fragen, warum du zu deinem Vater keinen Kontakt hast? Ich meine, auch wenn meine Großeltern in Pittsburgh leben, war ich immer überglücklich, wenn sie es einmal wieder geschafft hatten, den weiten Weg nach Minneapolis, meiner alten Heimat, zu bewältigen. Ich könnte mir ein Leben ohne Großeltern überhaupt nicht vorstellen." Mir war klar, dass diese Frage gewagt war, jedoch konnte ich dieses Thema einfach nicht vergessen.

„Ja, darfst du. Ist schließlich dein gutes Recht, das zu wissen. Erklärst du es ihr?" antworte Levi statt John und forderte seinen Vater auf, mir eine Antwort zu geben.

Ich war froh zu spüren, dass Levi diese Frage wie selbstverständlich annahm.

„Ja, mein Sohn. Es ist so Katy, mein Vater hatte selbst keine leichte Kindheit. Er war kein Wunschkind. Seine Eltern hatten schon vier Kinder, als er sich ankündigte. Mein Vater war restlos glücklich mit vier Kindern und war sein Leben lang sauer auf meinen Vater, weil dadurch das Leben mit fünf Kindern komplett auf den Kopf gestellt war. Alles war plötzlich anders und das hat mein Grandpa seinem Sohn ein lebenslang spüren lassen. Mein Vater war sogar der einzige, der von den fünf Kindern nicht mit in die Filmproduktionsfirma meines Grandpas, also Levis Uropa, einsteigen durfte. So gesehen müsste einem mein Vater leidtun, jedoch kann ich ihm nicht verzeihen, was er mir angetan hat. Dadurch, dass er in jungen Jahren Ausgrenzung und Benachteiligung erfahren hatte und damit nicht umgehen konnte, war er Alkoholiker und gewalttätig mir und meiner Mutter gegenüber geworden. Meine Mutter fasste sich nach fünfundzwanzig Jahren Ehe, allen Mut zusammen und haute ab, weil sie es einfach nicht mehr aushielt. Es war eine Nacht- und Nebelaktion und sie wusste, dass sie mich nicht mit durchbringen würde. Darum ließ sie mich bei meinem Vater zurück. "

Die Geschichte wirkte wie ein Felsen, der nun in meinem Körper festsaß. „Das ist ja schrecklich", sagte ich betroffen und musste schwer schlucken.

„Das war noch nicht die einzige Tragödie, die ich in meinem Leben erfahren musste", fuhr John fort. „Ich hatte, nachdem meine Mutter aus der Ehe geflohen war, heimlich sehr intensiven Kontakt mit ihr, weil wir ja schließlich das gleiche durchgemacht hatten und meine Mutter mich so gerne mitgenommen hätte. Mein Leben schien zu dem Zeitpunkt halbwegs in Ordnung, jedoch kam sie dann bei einem Autounfall ums Leben, bei dem ich mit im Wagen saß, aber durch ein unglaubliches Glück unverletzt blieb. Als ich dann ein paar Jahre später Levis Mutter kennenlernte, gelang es mir, die Zeit in der Hölle hinter mir zu lassen und einen neuen Lebensabschnitt zu beginnen."

Meine Betroffenheit schien mir ins Gesicht geschrieben zu sein, denn Levi griff liebevoll nach meiner Hand. Ich fand die Geschichte so schrecklich, dass ich völlig durch den Wind war und nicht wusste, wie ich auf etwas derartig Schreckliches reagieren sollte.

Ich hatte keine Ahnung gehabt, welch Gefühlslawine ich in John mit meiner Frage ausgelöst hatte. Aber nun war es zu spät und er sprach weiter: „Ich habe die Bilder von dem Unfall in meinem Kopf wie Marmorfelsen. Sie sind so fest in meinem Kopf eingebrannt, sodass ich sie nie wieder losgeworden bin."

Er fuhr sich mit beiden Händen übers Gesicht, als wolle er die Bilder wegwischen. Auch Levi wirkte in Mitleidenschaft gezogen.

„Ich hoffe, ich habe dich nicht allzu sehr damit überfordert", meinte John einfühlsam.

„Ist schon ok. Auf jeden Fall tut es mir unglaublich leid, was du durchmachen musstest", sagte ich mit zittriger Stimme. Levi bemerkte sofort an meiner Stimme, dass auch für mich Johns Geschichte nicht leicht war. Er hielt also meine Hand fester und ich spürte ich seine Wärme, die mir Halt gab. Levi war warmherzig und liebevoll, und seine Ausstrahlung gab mir jedes Mal die Wärme, die ich brauchte. Als das Essen serviert wurde, verflüchtigte sich die Traurigkeit glücklicherweise so schnell wie sie gekommen war und ich bewunderte John, wie er damit umging. Mit der Schale Meeresfrüchte, die serviert wurde, kam auch in uns wieder Lebensgeist und Appetit. Während ich mich abmühte, möglichst elegant zu essen, verschlang Levi mit einer Leichtigkeit sein Kängurufleisch, die so edel erschien, dass es mir schwer viel, den Blick von ihm zu wenden.

***

Abends wieder zurück im Hotel lag mir immer noch der köstliche Geschmack des edlen Essens im Mund. Das erste Mal seit unserem Aufenthalt in Australien hatte ich etwas Heimweh, weil mich meine Eltern anriefen.

„Hallo Katy, wie geht es dir? Wie war der Flug?", begrüßte mich meine Mutter Bridgette fröhlich. Ich erzählte ihr ausführlich von dem ganzen Luxus, der mich umgab und wie schön die Zeit mit Levi war. Als ich das Gefühl hatte, meine Mutter würden Sorgen plagen, sprach ich sie drauf an. „Ist was Mama? Mir geht es wirklich gut. Du brauchst dir keine Sorgen zu machen."

Sie seufzte in den Hörer. „Ach, Katy. Ich vermisse dich. Seit unseres Umzugs hat sich so einiges verändert. Du bist plötzlich so schnell erwachsen geworden. Und weil wir sehen, wie der Zeitpunkt naht, an dem Collin und ich hier alleine sitzen, haben wir uns einen Hund gekauft. Einen kleinen Malteser, namens Rudys."

Was? Hatten sie sich jetzt wirklich einen Hund zugelegt? Als Ersatz für mich. Wie kitschig war das denn! Ich durfte auf keinen Fall Eifersuchtsgefühle gegenüber dem Hund aufbauen. „Freut mich für euch. Ich muss jetzt Schluss machen."

„Ja, Katy, bis bald und pass auf dich auf.“ Dann legte sie auf und ich legte mein Handy in meine Handtasche.

„Wer war das?“, fragte Levi, der währenddessen geduscht hatte und nun aus dem Badezimmer trat.

„Meine Eltern“, gab ich zurück.

„Neuigkeiten aus New Orleans?“, interessierte sich Levi.

„Ja.“ Ich nickte langsam. „Meine Eltern haben sich einen Hund zugelegt, als Ersatz für mich. Ist das nicht kitschig?“, meinte ich genervt.

Levi lachte lauthals los und ich lachte schließlich auch mit. „Ok, das ist echt kitschig“, fand auch Levi.

***

Die Zeit hier in Melbourne verging wie im Flug. Nun lag unsere Ankunft schon zweieinhalb Wochen zurück. Auch unser nächster Tag in Melbourne war einfach perfekt. Wir schauten uns die Stadt genauer an und machten Sightseeing. Ich verbrauchte dabei sogar meine drei Filme mit jeweils zehn Fotos meiner Polaroid-Kamera. Ich beschloss alle Bilder, sobald ich wieder zu Hause sein würde, an die Wand über meinem Schreibtisch zu hängen, als kleine Erinnerungswand.

Das Meer und der Strand gefielen mir besonders gut. Auch Levi war von dem klaren Wasser begeistert, jedoch immer wenn ich etwas zu ihm sagen wollte, war er schon wieder Unterwasser. Ich gab es schließlich auf und tauchte einfach mit.

Abends ließ es sich gut am Yarra Fluss aushalten, denn dort am Federation-Square-Komplex mit den vielen Bars und Restaurants, die man abklappern konnte, war es einfach herrlich. Die gigantischen Häuser beeindruckten mich sehr, besonders der Rialto Tower, der einem bei Nacht einfach den Atem raubte.

„Herrlich, nicht wahr?", fragte mich Levi flüsternd. Er hatte den Arm um meine Taille gelegt und ich spüre seinen warmen Atem an meiner Nasenspitze, was mir ein Kribbeln bereitete. „Ja, wunderschön", hauche ich. Nun hatte er auch den zweiten Arm um meine Taille gelegt und er zog mich an sich. Als seine Lippen auf meine trafen, fühlte es sich beinahe an, wie ohnmächtig zu werden. So eine starke Anziehung übte Levi auf mich aus. Unter seiner zarten Berührung an meiner Taille seufze ich auf. Es war einfach traumhaft, mit Levi vor einem gigantischen Gebäude in der Nacht zu stehen und sich leidenschaftlich zu küssen, während eine lauwarme Sommerbrise um uns zog.

Jedoch war die Stimmung, in der ich mich die ganze Zeit befand, wie weggeblasen, als mir vor dem Bettgehen bei einem Blick in meinen kleinen Kalender auffiel, dass ich vorgestern meine Tage hätte kriegen sollen. Mein Atem stockte und mir gingen augenblicklich die wildesten Gedanken durch den Kopf. Was, wenn ich schwanger war? Ich fiel komplett steif auf mein Kopfkissen und spürte, wie mir die Panik in den Augen stand, was Levi sofort bemerkt. „Katy, was ist? Du bist kreidebleich!" Ich konnte ihm nicht sagen, was war, da meine Angst vor einer Schwangerschaft mir den Hals zuschnürte. Meine Angst verschlimmert sich noch mehr, als mir einfiel, dass ich heute früh an Übelkeit gelitten hatte, was noch ein mögliches Anzeichen einer Schwangerschaft war.

Mein Herz pochte so heftig und ich antworte schnell: „Nichts."

Nein, ich konnte nicht schwanger sein, versuche ich mich zu beruhigen. Aber meine Periode war noch nie zu spät gekommen, dank Pille. Hatte ich sie etwa vergessen? Ich spürte, wie ich zitterte. Anfangs nur an den Händen, doch je mehr meine Gedanken um diese Fragen kreisten, breitete sich das Zittern in meinem ganzen Körper aus. Ich konnte nicht schwanger sein, ich war doch erst siebzehn. Panisch sprang ich wieder aus dem Bett auf und erklärte hastig: „Ich gehe duschen."

Verdattert setzte sich Levi auf, der eigentlich bereit war einzuschlafen. Da hatte ich gerade die Badezimmertür geschlossen, wurde sie von Levi schnell aufgerissen „Was ist, Katy? Du lügst mit deiner Behauptung, es sei nichts. Ich mache mir Sorgen. Du wirkst echt nicht gut."

Nein, ich wollte ihn jetzt nicht sehen. Wenn ich ihm irgendwas erzählen würde, würde ich ihn verlieren. Nein, keine Panik bevor nichts sicher war. Vielleicht hatte ich einfach nur zu viel Stress oder so und das war der Grund, warum sie ausgeblieben war. Levi kam zu mir. Sehr nah. Sanft wanderten seine Hände über meinen Körper zu meinem Hintern, wo sie ausharrten. Rasch nahm ich seine Hand von meinem Hintern und schob ihn aus dem Raum und sperrte zu. Ich stellte mich schließlich nackig unter die Dusche und versuche nachzudenken. Während das Wasser von oben auf meine Haut prasselte und meine Tränen auf meinen Wangen brannten, kam ich zu dem Beschluss, dass mir keine andere Möglichkeit bleiben würde, als mit ihm zu reden. Aber wie? Ich war mir darüber bewusst, dass ich das Risiko eingehen würde, ihn zu verlieren, wenn ich ihm meine Vermutung, schwanger zu sein, anvertraute. Ich trocknete mich immer noch zittrig ab und zog mir schnell einen Schlüpfer an und drüber mein Nachthemd.

Herzklopfen stand ich schließlich vor Levi, der besorgt sofort eine Hand auf meine Schulter legte. Ich erstarre sofort unter seiner Berührung. „Was ist denn jetzt los, Baby?"

Baby. Dieses Wort konnte ich gerade überhaupt nicht hören und ich hatte augenblicklich das Gefühl alle Sicherungen meiner Gedanken waren durchgebrannt.

„Baby, ich erwarte verdammt noch mal eine Antwort jetzt von dir. Ich mache mir Sorgen." Sein Tonfall wirkte härter als eben und ich wandte mich sofort ihm zu, um alles nicht noch schlimmer zu machen.

„Levi, ich muss dir was sagen." Ich schluckte schwer.

„Willst du unsere wunderbare Beziehung beenden, oder was ist?"

„Nein", schrie ich schon fast. „Wie kommst du darauf?", fragte ich zittrig.

„Ich wüsste nicht, was du mir sonst gerade mitteilen könntest."

„Nein. Was ganz anderes." Eine Träne rann mir über die Wange und ich merkte, wie sich meine Hände verkrampften. Ich trat einen Schritt zurück, sodass er mich nicht mehr an der Schulter berühren konnte.

„Ich bin schwanger. Vielleicht." Diese Worte entschlüpften mir einfach so. Ich wartete darauf, dass er etwas sagte. Aber er schwieg. Er ging zur Wand und lehnte sich dagegen und atmete hörbar aus, als er sich mit beiden Händen durchs Gesicht fuhr.

Ich biss mir auf die Unterlippe, um nicht loszuschreien. Also weinte ich still vor mich hin und spürte eine Träne nach der anderen über meine Wangen rollen.

Kapitel 24

Levi

Katy war schwanger. Also vielleicht. Was zum Teufel hatte dieses Vielleicht zu bedeuten? Warum? Und wie? Ich hatte nicht umsonst das Thema Verhütung angesprochen.

Am liebsten würde ich jetzt alleine durch die Nacht laufen, doch ich musste jetzt stark sein. Außerdem war doch noch nichts sicher, oder?

„Vielleicht?", fragte ich irritiert und blickte zu ihr auf.

„Ja, vielleicht. Ich weiß es eben nicht sicher. Aber ich habe die Vermutung, weil ich vorgestern meine Tage hätte bekommen sollen. Und kannst du dich an meine Übelkeit heute Morgen erinnern?", weinte sie. „Ich habe solche Angst, jetzt schwanger zu sein. Das allerletzte was ich jetzt gebrauchen kann, ist ein Kind an der Backe zu haben. Mit siebzehn verdammt noch mal."

Es zerriss mir glatt das Herz, sie so zu sehen. Ich konnte den Gedanken nur schwer ertragen, daran zu denken, wie sie sich fühlen musste und ich ließ sie einfach weinend, am Boden zerstört dastehen. Rasch ging ich zu ihr und versuchte möglichst einfühlsam auf sie einzugehen.

Ich meinte, sie trägt möglicherweise mein Baby unter ihrem Herzen. Ich konnte sie nicht im Stich lassen. Fuck. Ich würde vielleicht gezwungenermaßen Vater. Halleluja, nein! Ich konnte das nicht, argumentierte der eine Teil meines Verstandes. Der andere hingegen: Jetzt sei verdammt noch mal stark!

„Mann, Baby, wie haben wir das nur hinbekommen? Du nimmst doch die Pille." Ich umarmte sie einfühlsam. Aber nicht einfühlsam genug. Sie löste sich ruckartig aus der Umarmung und heulte verzweifelt: „Bitte Levi, ich kann dieses *Baby* nicht hören, wenn du mich so nennst."

Heilige Scheiße, ja. Ich musste es anders versuchen. „Katy, ich liebe dich über alles. Falls du wirklich schwanger sein solltest, werden wir das gemeinsam meistern. Ich werde dich deshalb nicht verlassen, Süße, falls du das denken solltest."

Ich spürte, wie mir ein Kloß im Hals wuchs. Ich schluckte ihn hinunter, um weiter zu reden und die Situation möglichst positiv zu machen.

„Außerdem ist doch nichts sicher. Wir besorgen uns morgen einen Schwangerschaftstest, dann wissen wir mehr. So lange müssen wir einfach das Beste hoffen." Ich versuchte es mit einer weiteren Umarmung, die mir glückte. Katy schlang automatisch ihre Arme um meinen Nacken und weinte lange, während ich sie einfach nur hielt und ihr über den Rücken streichelte.

***

Am nächsten Tag, als die Apotheke neben unserem Hotel öffnete, besorgte ich schleunigst einen Schwangerschaftstest, um endlich Gewissheit zu haben. Mit pochendem Herzen wartete ich auf dem Bett bis Katy mit dem Test aus dem Bad kam. Mir blieb jetzt nichts anderes übrig, als das Beste zu hoffen.

Die Nacht war miserabel. Die längste, die ich je erlebt hatte. Katy weinte oft und ich versuchte uns abzulenken. An Schlafen war sicher nicht zu denken. Mit Tränen unterlaufenden Augen kam sie langsam aus dem Bad. Sie hielt den Test in der Hand und ich befürchtete das Schlimmste, doch sie setzte sich erschöpft neben mich und meinte: „Wir müssen noch fünf Minuten warten, bis uns das Ergebnis angezeigt wird. Ich sag's dir, das werden die Schlimmsten fünf Minuten meines Lebens."

,Meine auch', wollte ich eigentlich sagen, brachte aber kein auch nur so kleines Wörtchen heraus. So schlecht ging es mir. Wir starrten beide, wie besessen auf das Stäbchen. Mein Herz hämmerte immer fester und meine Hände waren mittlerweile schon so schwitzig, dass man meinen konnte, sie müssten schon bald tropfen. Mein Kopf war so heiß, dass ich dachte ich hätte Fieber. Und das drei Tage vor Weihnachten. Na, heiligen Glühstrumpf, Levi, hättest besser mal vorher nachgedacht. Ich war total in Gedanken versunken, als Katy den Test plötzlich fallen ließ und mir um den Hals fiel. „Levi, Levi, nicht schwanger, da steht ernsthaft nicht schwanger. Ich kann es kaum glauben. Oh, ich bin so erleichtert."

Ich erstarrte vor Freude. „Wirklich?"

„Ja, du kannst selber sehen." Ich beugte mich nach vorne mit ihr im Arm und tatsächlich auf dem Test-Stäbchen stand: Nicht schwanger.

So ein Glück. Ich drückte ihr einen Kuss auf die Wange und uns beiden rollten Freudentränen über die Wangen. „So jetzt können die kommenden Weihnachtstage ja nur heilig schön werden, habe ich Recht?“

***

Die nächsten Tage, waren wir einfach nur dankbar, dass es so gekommen war, wie es war. Deshalb verbrachten wir viel Zeit am Strand mit Schwimmen, Tauchen, endlosen Strandspaziergängen und Boccia spielen, denn das klappte im Sand perfekt. Ich genoss einfach nur die Zeit mit Katy. Es war wunderbar. Ich hätte platzen können vor Erleichterung, Freude und Verliebtheit.

Für den Heiligen Abend waren wir von John eingeladen. Zu Hause in New Orleans hatten wir Weihnachten immer unter einem reichlich geschmückten Tannenbaum gefeiert. Hier würden wir ihn am Strand genießen, was für Katy völlig absurd erschien. Ich hatte schon Mal Weihnachten hier im warmen Australien gefeiert und konnte es mir durchaus sehr gut vorstellen.

So war es dann auch für Katy. Es war traumhaft schön unter Palmen die Bescherung zu haben, nachdem wir edel bei John in seiner üppigen Villa am Stadtrand bekocht worden waren. Selbstverständlich nicht von ihm persönlich, sondern von seinem eigenen Sternekoch, der seit einem Jahr seine Dienste bei ihm verrichtete. John selber hätte sich niemals die Finger dreckig gemacht, aber er konnte es sich ja auch leisten, so wie auch er uns sozusagen die Reise finanziert hatte.

Katy überraschte mich mit ihrem Organisationstalent wiedermal aufs Neue, denn sie hatte für jeden ein Geschenk dabei. Als ich das Geschenk von Katy überreicht bekam, war ich völlig aus dem Häuschen, als ich in dem Geschenkpapier niegelnagelneue Leuchtrollen für mein Lieblingsskateboard entdeckte. Aber ihr größtes Geschenk an mich war, sie so sorglos zu sehen.

Nun war ich an der Reihe, Katy mein Geschenk zu überreichen. Es war ein Kuvert. Sie öffnete es mit genau der gleichen Konzentration wie damals, als ich ihr im Restaurant die Flugtickets geschenkt hatte. „Lies bitte laut vor!", bat ich sie.

„Liebe Katy, du weißt, dass du mir irrsinnig wichtig bist, und mir deshalb auch deine Wünsche am Herzen liegen. Sicher erinnerst du dich an unsere Pläne, die wir vor meinem Geburtstag geschmiedet haben. Du sagtest mir damals, dass du so gerne Design und Architektur studieren möchtest nach unserem letzten Trimester, das unmittelbar bevorsteht. Ich habe mich mal wieder mit deinen Eltern abgesprochen und unter anderem auch mit John, der uns mit großer Freude unterstützt. Was hältst du von Houston? Achtung, jetzt kommt die Überraschung: Hast du Lust, mit mir eine eigene Wohnung in der Innenstadt zu beziehen, damit wir in Ruhe studieren können? Du Design und Architektur und ich Pharmazie? Hab dich super lieb. Dein Levi"

Sie hörte auf zu lesen. Der Brief war zu Ende. Hoffentlich hielt sie die Idee für gut. Zweifel keimten auf, weil es ja zugegebenermaßen schon gewagt war, eine Wohnung zu kaufen, ohne ihr irgendetwas zu sagen. Aber so war ich nun mal, unberechenbar mit meinen Überraschungen, die mir selber Freude bereiteten.

Eigentlich hatten wir diesen Plan ja gemeinsam ausgeheckt, nur war die rasche Umsetzung eine Überraschung für Katy.

„Wow. Du hast uns ernsthaft eine Wohnung *gekauft*?", fragte sie ziemlich überrascht.

„Ja, habe ich. Bis ihr in einem Jahr einziehen könnt, wird sie noch vermietet", antwortete John, obwohl Katys Frage offensichtlich an mich gerichtet war.

„Vielen Dank. Das ist das denkbar größte Geschenk, was ich heute bekommen hätte können. Dankeschön", sagte sie gerührt. „Was sagen meine Eltern eigentlich dazu?" Jetzt wendete sie sich wieder an mich.

„Es war nicht leicht deine Eltern zu überreden, besonders deine Mutter ist ziemlich hartnäckig und hätte dich gern in ihrer Nähe", gab ich zu. „Aber Collin konnte sie am Ende davon überzeugen."

Sie lachte und küsste mich innig auf den Mund, bei dem sich unsere Zungenspitzen berührten. Das führte dazu, dass ich sofort wieder an Sex dachte. Peinlich. Am Heiligen Abend dazu noch. Oh Gott, vergib mir, dachte ich mir.

Katy und ich schenkten John eine eigene CD von unseren Songs, worüber er sich richtig freute. „Da bin ich aber stolz auf dich, mein Sohn. Willst du nicht noch mal über dein Pharmazie Studium nachdenken und doch bei mir in der Band einsteigen?", fragte er scherzhafterweise. Früher war es wirklich sein Traum gewesen, dass ich sein Nachfolger in seiner Band der *The Beach Red Rockers* werden würde. Jedoch wollte er mir nicht im Weg stehen, bei der Verwirklichung meiner Träume. „Nein, nein. Ich bleibe bei Pharmazie.", wehrte ich mit einem Schmunzeln ab.

Kapitel 25

Katy

„Das Weihnachtsfest war wirklich schön so unter Palmen bei fast vierzig Grad am Strand", brachte ich strahlend hervor, während wir am zweiten Weihnachtstag im Flugzeug saßen und ich mich in der Economy-Class allmählich emotional auf den normalen Alltag einstimmte, der uns zu Hause erwarten würde. Denn das letzte High-School Jahr war ohnehin schon stressig genug, aber ich glaubte, ich konnte während dieser Reise genügend Kraft tanken, um das Jahr zu bestehen. Natürlich die Situation ausgenommen, in der wir dachten, ich sei schwanger.

Apropos. „Könnten wir das bitte so einrichten bei meinen Eltern kein Sterbenswörtchen darüber zu verlieren, dass wir geglaubt hatten, ich sei schwanger?", fragte ich etwas kleinlaut.

Levi grinste charmant zu mir herüber. „Selbstverständlich, Baby." In sein Lächeln, das seinen

heißen Mund umspielte, hätte ich mich jedes Mal
erneut verlieben können.

Die Economy Class war im Vergleich zu der
Business Class eindeutig weniger komfortabel
und enger, sodass ich jedes Mal um die Toiletten-
Gänge dankbar war, weil ich dann endlich mal
wieder meine Beine ausstrecken konnte.

Ich war mir sogar sehr sicher, John zu Hause
zu vermissen, denn seine Art, die er als Musiker,
Bandgründer, Millionär und als Mensch verkör-
perte, war einfach einmalig. Levi konnte sich
glücklich schätzen, so einen Vater zu haben,
nicht nur wegen des Geldes, auch wenn es uns
ein Tor zur Traumwelt eröffnet hatte. Gerade für
mich als ehemals mutistisches Mädchen, war ich
so wahnsinnig dankbar für diese Reise. Hatte sie
mir doch zu einem gewaltigen Stück an Selbstbewusstsein und Lebenserfahrung verholfen.

***

Als wir nach einem wirklich anstrengenden
Flug mit jeweils zwei einstündigen Zwischen-
stopps in Brisbane und Dallas, in New Orleans
angekommen waren, holte uns meine Mutter am
Flughafen ab. Sie setzte Levi auf seinen Wunsch
vor seiner Haustür ab, obwohl es sich in meinem
Inneren anfühlte, als wollten hunderte kleiner

Rebellionsgeister dagegen kämpfen. Ich konnte mir gar nicht mehr vorstellen, eine Nacht ohne ihn zu sein. Mein Verstand sagte mir, diese Entscheidung Levis unkommentiert zu akzeptieren, denn für ihn war es offensichtlich wichtig, mit seiner Mom und Caden etwas Zeit zu haben, um von unserer Reise zu erzählen. Auch ich hatte meinen Eltern unwahrscheinlich viel zu erzählen und hatte die große Aufgabe, mich auf einen kleinen Malteser Hund einzustellen. Bisher war ja schließlich ich allein der einzige Liebling meiner Eltern gewesen.

„Darf ich vorstellen, Katy, das ist Rudy", erklärte mir meine Mutter einen kleinen weißen Malteser im Arm haltend, nachdem ich freudig von meinem Vater begrüßt worden war. All meine anfänglichen Bedenken gegenüber Rudy waren schon beim ersten Anblick verflogen und ich musste ihn einfach gern haben. Er war noch ein Welpe und eroberte mein Herz im Sturm allein durch seinen niedlichen Blick. Seine Verspieltheit jedoch sollte ich schon bald von einer anderen Seite kennenlernen.

Beim Abendessen erzählte ich meinen Eltern ausführlich von der Reise und als ich nach dem Essen noch mal mit Rudy rausgegen wollte, stellte ich zu meinem Entsetzen fest, dass er

meine absoluten Lieblingssneakers komplett zer-
bissen hatte. „Rudy, war das wirklich nötig!
Wieso mussten es ausgerechnet meine Lieblings-
schuhe sein!", schimpfte ich beim Anlegen der
Leine an sein türkisfarbenes Halsband. Er blickte
mich unschuldig mit seinen kleinen schwarzen
Knopfaugen an und jaulte leise. Ich konnte seinem betörenden Blick nicht wiederstehen,
musste lachen und nahm mir ein anderes Paar
Schuhe. Mit Sicherheit würde mir dieser Hund
in stressigen Lernphasen einige unterhaltsame
Momente bieten. Außerdem fand ich es überhaupt nicht mehr kitschig, dass sich meine Eltern
einen Hund angeschafft hatten, denn sie hatten
ja recht, in spätestens einem Jahr würde ich,
wenn alles gut ging, schon mit Levi in unserer
eigenen Wohnung wohnen.

Obwohl hier in New Orleans noch früher
Abend war, war ich unfassbar müde nach dem
Marathon-Flug. Außerdem fröstelte ich leicht
durch das kühle Wetter. Schon jetzt vermisste ich
das großartige Wetter in Australien. Ich war so
müde, dass ich mich gar nicht auf das Gassi gehen konzentrieren konnte. Zum Glück machte er
schnell sein Geschäft, sodass ich wieder umdrehen konnte und mich auf mein Bett freuen
konnte, denn auch wenn das Hotelbett luxuriös

war, schlief man immer noch in seinem eigenen Bett am besten. Zu Hause holte ich schnell ein Nachthemd aus meinem Kleiderschrank, zog es an und kuschelte mich zusammengerollt in mein Bett. Wie ein Baby schlief ich innerhalb von Sekunden ein.

***

Am nächsten Tag kam ich im Schlafanzug nach unten, wo Rudy mich freudig begrüßte. Als ich am Spiegel vorbeikam, der neben der Couch hing, ärgerte ich mich sehr am Vortag noch in Australien Wimperntusche aufgetragen zu haben, denn vor lauter Müdigkeit gestern Abend, hatte ich nicht mehr daran gedacht mich abzuschminken. Deshalb war mein Unterlid nun verschmiert. Rudy war das total egal, doch als ich in die Küche kam, saß zu meiner Überraschung Levi gemeinsam mit meiner Mutter am Küchentisch. Mist, ich erinnerte mich an mein Spiegelbild und schämte mich sofort. Doch Levi reagierte total Gentleman mäßig: „Gott, siehst du süß aus. Sogar, wenn du total schwarz um die Augen bist." Er ging auf mich zu umarmte mich und küsste mich vertraut auf den Mund.

Meine Mutter legte schnell eine Geschäftigkeit an den Tag und räumte etwas in die Spülmaschine. Ich deutete das als ein Problem vor mir zu akzeptieren, dass ich nun nicht mehr die kleine Katy war. Aber verdenken konnte ich es ihr nicht, denn bis vor kurzem war ich ja wirklich noch total weltunerfahren und überhaupt nicht selbstständig. Meine Entwicklung als Jugendliche hatte ich nach meinem ersten Kuss mit Levi mit Siebenmeilenstiefeln genommen. Aber daran musste sie sich einfach gewöhnen, ich konnte ja schließlich nicht mein Leben lang das weibliche Muttersöhnchen bleiben.

Als sich unsere Münder wieder voneinander entfernten, fragte ich: „Was machst du heute schon so früh am Morgen bei mir?"

Ich entdeckte plötzlich die Leere in seinen Augen und ich wusste, dass er nicht ohne Grund hergekommen war.

„Mich vergewissern lassen, dass du den Flug mit der Economy-Cass nach dem ganzen Luxus gut vertragen hast", sagte er und bemühte sich zu lächeln. Mir konnte er jedoch nichts vormachen, denn ich bemerke sofort, dass das Lächeln irgendwie nicht echt war.

„Jetzt sag schon, warum bist du wirklich gekommen?" Ich wollte nicht länger warten müssen, um zu erfahren, was hier los war.

Jetzt wurde seine Miene richtig ernst. „Da gehen wir am besten in dein Zimmer." Er bewegte sich schon Richtung Treppe und bedankte sich noch bei meiner Mutter: „Danke für den Kaffee und das Sandwich, Bridgette."

Ich schaute Mom noch einen Moment hinterher. Äußerlich wirkte sie mit der Kaffeetasse und an den Küchenschrank gelehnt lässig, doch ihr Gesicht verriet mir, dass mich keine gute Nachricht erwarten würde. Levi stieg schon voreilig die ersten Treppenstufen hinauf und zog mich hinter sich her. Was gab es so Wichtiges zu besprechen, ging mir durch den Kopf.

Als ich in meinem Zimmer ankam, ließ sich Levi gleich auf meinen Sitz-Sack fallen und ich war insgeheim froh, hier gestern Abend nicht mehr meinen Koffer ausgepackt und all meine Kleidungsstücke verteilt zu haben. Diese teuflische Unordnung blieb Levi nun erspart. Schon schlimm genug, dass ich mein Bett nicht gemacht hatte und jetzt im Schlafanzug mit verlaufener Wimperntusche ihm in die Augen schauen müsste. Egal, er hatte mich schon in weit aus schlimmerer Verfassung gesehen, die er selbst dann noch süß an mir fand.

Ich setzte mich auf ein Sitzkissen an die Wand gelehnt neben Levi und war ganz Ohr. „Ich höre", versuchte ich ihn zum Reden zu animieren.

„Ich muss dir was erzählen. Und zwar ist es so, als ich gestern Abend nach Hause gekommen bin, wäre es mir lieber gewesen, wenn mich ein kleiner Malteser Hund erwartet hätte, anstatt eine nicht erfreuliche Nachricht", begann er. Ich spürte irgendwie, dass das, was er mir sagen wollte, nichts Gutes war. Ich vermutete etwas Tragisches, war jedoch zu geschockt, um über weitere Einzelheiten zu spekulieren.

Er machte eine kurze Sprechpause, in der er schluckte, was ich an seinem Adamsapfel deutlich sehen konnte. Als ich ihm in seine Augen schauen konnte, sah ich, wie sehr sich seine Miene endgültig verfinstert hatte. Daraufhin fing mein Herz derartig an zu klopfen, dass man meinen konnte, es wollte alle pochenden Herzen auf der Welt übertreffen. Heilige Scheiße, dachte ich mir, als er fortfuhr. „Caden…Caden hatte gestern, als wir im Flugzeug waren einen Unfall. Einen Autounfall."

Ich erschrak hörbar. „Oh mein Gott, was ist passiert?", fragte ich stotternd.

Ich wusste nicht wieso, aber ich traute mich kaum, Levi in die Augen zu sehen. Doch als ich es schließlich tun musste, weil er mich ansah, konnte ich erkennen, wie Tränen in seinen Augen aufstiegen. Ich hatte noch nie einen Jungen weinen sehen. „Er hat gestern wohl erfahren, dass seine Freundin von ihm schwanger ist. Daraufhin ist er abgehauen, mit dem Auto, wo er gegen eine Betonsäule gefahren ist."

„Oh Gott, das ist ja schlimm. Wie geht es ihm jetzt?". Ich versuchte meiner Stimme einen möglichst sanften Klang zu verleihen.

„Der Aufprall war wohl so heftig, dass unser Auto mehr wie ein Schrotthaufen aussah, als wie ein Auto. Er musste in der Nacht operiert werden und die Ärzte können erst in zwei Stunden über den Verlauf der OP Auskunft geben." Er räusperte sich und starrte mit glasigen Augen auf den Boden.

Ich musste schlucken. So eine Nachricht zu erhalten war nicht leicht für mich. Auch ich hatte Caden sehr gerne und deshalb Angst um ihn. Ich konnte auch Levi klar ansehen, wie schwer es ihm fiel, diese Nachricht in Worte zu fassen. Levi sah so unfassbar traurig aus. Und völlig kaputt, so als hätte er die ganze Nacht nicht geschlafen. Ich stand deshalb auf und umarmte ihn sanft. Ich flüsterte ihm in sein Ohr: „Es wird alles gut. Wir hoffen jetzt das Beste." Auch wenn ich mit selber nicht sicher war, wie viel Wahrheit hinter dieser Aussage stand, blieb mir nichts anderes übrig, als möglichst positiv zu denken. Dann gab ich ihm einen sanften Kuss auf den Mund.

Die nächsten zwei Stunden zogen sich wie Kaugummi dahin. Wir warteten. Warteten darauf, dass wir eine Nachricht aus dem Krankenhaus über den Verlauf der OP erhielten. Wir versuchten uns die Zeit mit essen und trinken zu vertreiben, auch wenn ich nichts hinunterbekam. Levi ging es genauso. Meine Mom, die es ja schon erfahren hatte, als ich noch geschlafen hatte, versuchte uns aufzumuntern und brachte uns Frühstück aufs Zimmer.

Wir saßen in meinem Bett und ich hätte so gern die Last von Levi genommen. Etwas unbeholfen versuchte ich ihn durch einen Kuss abzulenken, doch er schob mich weg. „Lass das bitte. Ich würde gerne, aber ich kann jetzt nicht mit meiner Freundin küssen, während mein Bruder vielleicht um sein Leben ringt. Bitte verstehe das und sei mir nicht böse."

Fuck. Ich hatte es mir zu leicht vorgestellt, die harte Realität von Levi abzulenken. So einfach war es jedoch nicht. Ich fühlte mich ungemein schlecht. Levi hatte Recht und deshalb kuschelte ich mich stattdessen an seine harte Brust und lauschte seinem Herzschlag, der schon mal ruhiger gewesen war. Aber kein Wunder, mein Herz war auch nicht ruhig, denn es hämmerte, als wollte es aus meinem Brustkorb heraus.

Um zwei Uhr nachmittags klingelte Levis Handy auf meinem Schreibtisch und wir fuhren beide gleichzeitig hoch und eilten zu seinem Telefon. Das Display verriet, dass der Anrufer seine Mutter war. Levi nahm hastig das Gespräch an und stellte auf laut.

„Hallo, Mom", sagte er gedehnt ins Handy.

Mein Herz pochte noch heftiger.

„Hallo, Levi." Dem Tonfall nach, ließ vermuten, dass das Ergebnis der OP nicht allzu schlimm sein musste. „Die OP ist gut gelaufen. Sein offener Bruch am rechten Bein ist ohne Komplikationen operiert worden und es wird wieder werden. Auch das Schleudertrauma kann gut behandelt werden. Er hatte verdammtes Glück."

„Mir fällt ein Stein vom Herzen. Und ich dachte schon er würde sterben", sagte Levi mit einem erleichterndem Lächeln im Gesicht.

Auch ich war froh zu hören, wie es Caden ging.

„Wie geht es Cadens Freundin?", wollte nun ich wissen.

„Ach, Katy, du hörst auch mit, wie schön. Den Umständen entsprechend ganz ok. Ich musste Laila viel gut zureden, dass wir das als Familie mit der Schwangerschaft schaffen. Sie macht sich auch Vorwürfe, dass sie nicht mehr auf Caden aufgepasst hat, weil Caden ja so unprofessionell abgehauen ist und dabei den Unfall gebaut hat. Sie zweifelt daran, dass die Beziehung zwischen Caden und ihr halten wird, doch ich glaube, dass er nur überreagiert hat."

Nach dem Telefonat machten wir uns gleich auf ins Krankenhaus, wo ich Laila das erste Mal kennenlernen durfte. Auch Levi hatte sie erst ein paar Mal getroffen. Aber das musste sich bald ändern, denn schließlich würde er nun bald Onkel werden. Und Levis Mutter, Snady, würde eine junge Oma, denn sie war ja schließlich erst einundfünfzig Jahre alt.

„Hallo, Levi. Und du bist Katy, oder?", wurden wir im sterilen Krankenhaus-Flur freundlich von der wirklich hübschen Laila begrüßt. Eine junge zwanzig jährige Frau mit langen blonden Haaren und wirklich schlanker Figur. Man konnte meinen sie wäre Model, doch sie fing gerade an, als Schneiderin bei ihrer Mutter im Geschäft zu arbeiten. „Ja, ich bin Katy. Wie geht es dir?", wollte ich direkt wissen.

Sie atmete hörbar aus und ein und meinte dann: „Ja, ganz ok. Von der Schwangerschaft zu erfahren, war nicht leicht für mich. Als dann Caden so ausgerastet ist, war ich komplett am Boden zerstört. Und dann durch den Unfall kamen noch Sorgen um Caden dazu. Also kurz gesagt: Die letzten sechs Stunden waren ein Emotionschaos." Jetzt war sie ganz aufgelöst und wirkte nicht mehr so ruhig wie bei unserer Ankunft. Offenbar hatte ich wieder etwas in ihr aufgewirbelt, was aber nicht meine Absicht gewesen war. Levi bog es wieder in die richtige Richtung: „Du, Laila, mach dir bitte keine Vorwürfe. Du bist nicht an dem Unfall schuld. Dafür ist Caden ganz alleine schuld. Ich hoffe dir ist das klar. Er wird sich wieder beruhigen und dir bei der Schwangerschaft beistehen. Glaub mir, ich kenne Caden schon mein Leben lang und weiß, dass er manchmal Dinge tut, worüber er nicht nachdenkt. Letztendlich wird der Unfall dazu beitragen, dass er zur Vernunft kommt."

Sie nickte dankbar. „Das hat mir Snady auch gesagt. Ich war schon gerade bei Caden und er hat sich auch entschuldigt, obwohl er ja noch nicht mal ganz wach ist. Das hat mir dann auch wieder Kraft gegeben, daran zu glauben, dass ich ihm doch wichtig bin."

Nachdem Levi und ich Caden besucht hatten und wir wieder auf den Flur traten, saßen Laila und Snady auf zwei Stühlen gegenüber der Tür zu Cadens Zimmer. Ihre Blicke waren nach unten gesenkt und sie machten beide einen traurigen Eindruck. Mir tat vor allem Laila richtig leid. „Habt ihr vielleicht Lust unten im Krankenhaus einen Kaffee zu trinken?", wollte ich die Stimmung und Situation aufbessern. „Gerne, ich habe gehört, das Café soll ganz gut sein." Levis Gesicht hellte sich auf

Auch Laila freute sich und stand sofort von ihrem Stuhl auf. „Ja gerne, finde ich eine gute Idee. Kaffee ist für mich jetzt gestrichen, aber ich habe nichts gegen einen Tee."

Durch den Besuch im Café hatte der Tag dann doch noch etwas Gutes an sich. Zwischen Levi,

Snady, Laila und mir entstand ein unbeschreibli-
ches Zusammengehörigkeitsgefühl.

Kapitel 26
Katy

Durch den stressigen Schulalltag, der uns wieder eingeholt hatte, blieb Levi und mir weniger Zeit füreinander. Doch zum Glück fiel der Unterricht wegen Krankheit einiger Kursleiter am kommenden Montag aus, sodass wir ein verlängertes Wochenende haben würden.

„Schon seltsam, dass so viele Lehrer an derselben Krankheit erkrankt sind", überlegte Levi. Wir gingen gerade über das weitläufige Gelände der Schule zu dem Schülerparkplatz, wo Levi den Wagen seiner Mutter geparkt hatte. Netterweise hatte seine Mutter ihm den Wagen überlassen, da sein Wagen ja bei Cadens Unfall leider zum Totalschaden geworden war.

„Tja, Pech für die Lehrer, Glück für uns. Apropos, was wollen wir dann gemeinsam machen?" Fröhlich grinste ich Levi von der Seite an.

„Du meinst an dem kommenden Wochenende? Ja, da habe ich mir gedacht, wir könnten als Motivationsschub für die nächsten Lernphasen mal einen Abstecher nach Houston machen und dort unter anderem unsere Wohnung in Augenschein nehmen. Was hältst du davon?"

Ich musste lachen. „*Unsere* Wohnung, wie das klingt." Es war für mich noch gar nicht richtig real, dass wir eine gemeinsame Wohnung hatten. Es war wie ein Traum auf Wolke sieben. „Au ja, klasse Idee. Wo wollen wir dann übernachten?"

Jetzt schlug sich Levi leicht mit der flachen Hand gehen die Stirn. Offenbar hatte er etwas vergessen. „Ich habe total verschwitzt, dir zu erzählen, dass John sich umentschieden und unsere Wohnung doch nicht vorübergehend vermietet hat. Sie ist also derzeit unbewohnt!"

„Wie kommt er zu diesem Entschluss?" Ich war erstaunt und blickte Levi mit hochgezogenen Augenbrauen an.

„Das weiß er, glaube ich, selber nicht. Aber für uns hat es etwas Gutes. Wir können die Wohnung am Wochenende nutzen."

Lachend stiegen wir in sein weniger komfortables Ersatz-Auto, dessen Motor beim Starten ziemlich laut aufheulte.

Während der Fahrt unterhielten wir uns über Schulkram und Lehrer. Ich hasste das Thema, was Levi auch wusste, doch es war nun mal im letzten Highschool Jahr nicht vermeidbar, darüber nicht zu sprechen. Es war eher ein täglicher Begleiter als eine Sache, die nebenbei zu schaffen war.

Vor dem Grundstück meines Wohnhauses fuhr Levi unvorsichtig auf den Bordstein und mir fiel kein anderer Kommentar ein als: „Schönen Gruß an deine Stoßdämpfer."

Levi ließ seine Hände vom Lenkrad in seinen Schoß fallen und drehte seinen Kopf extra langsam zu mir. Mit einem äußerst verwunderten Blick meinte er: „Das *du* sowas sagst! Tut mir leid, ich bin das Auto einfach nicht so gewohnt."

„Ach, wie geht es eigentlich Caden?", wechselte ich das Thema, um auf Wichtigeres zu sprechen zu kommen.

„Er wurde gestern entlassen, muss sich jedoch noch sehr schonen, was bedeutet, dass er gerade nicht zur Uni geht."

„Und Laila?", hackte ich hoffnungsvoll nach.

„Der geht es auch prima, trotz der Schwangerschaftsübelkeit, was daran liegt, dass der Unfall die beiden irgendwie zusammengeschweißt hat und sich Caden nun auch auf das Kind freut."

Nach seinem Satz war es kurz still in dem Pick-Up. Jeder hing wohl seinen eigenen Gedanken nach. Und ich dachte, wie er vermutlich auch, an meine etwas unschöne Vermutung in Melbourne, schwanger zu sein. Ich schob die Gedanken schnell wieder beiseite und öffnete die Autotür, nachdem ich ihn mit einen leidenschaftlichen Kuss aus seinen Gedanken gerissen hatte. „Bis morgen, mein Schatz."

„Ja, bis morgen um Acht, ich freu mich riesig darauf, mit dir in unsere Zukunft hineinzuschnuppern", verabschiedete mich Levi mit einem verträumten Blick.

***

„Viel Spaß, Katy!", rief mir meine Mutter hinterher, kurz bevor ich die Haustür hinter mir ins Schloss fallen ließ. Mit meiner Reisetasche, die eigentlich nur eine Sporttasche war, stellte ich mich vor unsere Einfahrt und wartete auf Levis Ankunft. Keine fünf Minuten später hielt er direkt vor mir mit dem Pick-Up. Meine Reisetasche ließ ich von vorne auf den Rücksitz fallen, was zur Folge hatte, dass sich Levi gleich mit einem Augenzwinkern bei mir beschwerte: „Pass auf, das Auto ist nicht das Neuste." Kleinlaut kletterte ich auf den Beifahrersitz. Ich wollte die Stimmung weiter ins Positive steigern und erwiderte mit fröhlicher Stimme: „Guten Morgen erst mal. Danke fürs Abholen."

„Gerne doch, ohne dich wäre es mir einfach zu langweilig in Houston", meinte Levi mit einem leichten lachen in seiner männlichen Stimme.

Die Autofahrt war angenehm und wir unterhielten uns über Gott und die Welt. Dennoch war ich froh, als wir nach fast fünfeineinhalb Stunden Fahrt endlich ankamen. Das Navi lotste uns zu unserem Ziel: Unsere Wohnung.

Ich war unglaublich gespannt, doch bevor ich sie endlich sehen konnte, mussten wir unser Auto in einer Tiefgarage parken, die zum Haus gehörte. Das Haus war ein mittelgroßer Wolkenkratzer. Wir fuhren von ganz unten bis zur zweiunddreißigsten Etage, wo uns dann in unserer großen Wohnung die Aussicht über Houston den Atem raubte.

„Halleluja, die Aussicht ist ja krass!", entfuhr es mir. Wir standen Arm in Arm vor dem riesigen Fenster und bestaunten sie Aussicht.

„Schön, nicht? Hast du es dir so vorgestellt?"
Jetzt klang seine Stimme ganz sanft.

Heute war der Himmel ziemlich klar und man
konnte über ganz Houston blicken. „Ne, ganz
und gar nicht. Ich bin echt baff. Es ist noch viel
schöner. Und was ist dir, Levi Berry? Warum bist
du nicht erstaunt?"

„Ähm, ich weiß auch nicht…", sagte er so,
dass ich sofort wusste, dass er das Gegenteil
meinte.

„Du hast schon Fotos von der Wohnung gesehen, oder?", versuchte ich nun selber mit einem
forschenden Blick in sein Gesicht herauszufinden. An seinem Blick erkannte ich sofort, dass er
das nicht so gern zugab.

„Ja", antwortete er schließlich gedehnt und
wir mussten beide darauf schallend lachen, denn
es war klar, dass Levi die Bilder von der Wohnung extra zurückgehalten hatte, um mir wiedermal eine Überraschung zu bieten.

Dann gingen wir langsam und zugleich unglaublich stolz durch die offene, moderne und
helle Wohnung und konnten unser Glück kaum
fassen, hier die großzügigen fünfundsiebzig
Quadratmeter uns einzurichten und gemütlich
zu machen. Ein graues Stoffsofa, mit dem Blick

auf die Aussicht gerichtet und ein runder Tisch mit hübschen Stühlen standen schon darin, wie auch ein Boxspringbett im Schlafzimmer. Bei dem Anblick musste ich an unsere zukünftigen Nächte darin denken und schmunzeln. Wenn meine Eltern nur wüssten…

***

Das Wochenende war wirklich krafttankend. Houston war unsere gemeinsame neue Stadt, die bald meine neue Heimat werden sollte. Es war nicht leicht, sich in der zwei Millionen Metropole zurechtzufinden, doch dank Handy war diese Aufgabe gut zu meistern.

Jetzt befanden wir uns wieder auf dem Heimweg nach New Orleans und ich blickte auf die dunkle Silhouette von Levis markantem Profil, während er Auto fuhr. Levi sah dabei so unverschämt sexy aus. Wahrscheinlich sah er sogar sexy aus, wenn er auf dem Klo saß. Nein, das hatte ich jetzt nicht gedacht! Sein gemeißeltes Kinn und die kräftigen Wangenknochen schienen sich kaum mit seiner weichen Babyhaut zu vereinbaren. Und doch verband sich irgendwie alles zu einem der schönsten Jungs, die ich je gesehen hatte. Ich konnte nicht sagen, wie glücklich ich war, ihn zu kennen und zu haben. Ich freute mich riesig auf mein neues Leben in Houston mit Levi, dem liebenswertesten Jungen aller Zeiten. Zu verdanken hatte ich das alles der Zuversicht meiner Eltern, die nach unserem Umzug in New Orleans auf eins bestanden hatten: Der Schule!

Epilog
Katy
Zehn Jahre später

Ich trete aus dem Architekturbüro heraus, in
dem ich seit zwei Jahren arbeite. Ich mache mich
zu Fuß auf den Weg nach Hause, in unsere Wohnung, in der wir seit Anfang der Studienzeit
wohnen. Sie war ein Geschenk von John. Und es
ist für mich immer noch eine Freude diese Wohnung mit Levi teilen zu können, obwohl der Alltag uns dort längst eingeholt hat. Unsere Jobs
sind wunderschön, fordern uns aber täglich bis
zur Erschöpfung. Ich habe im Architekturbüro
immer mehr zu tun als ich schaffen konnte und
Levi hat vor knapp eineinhalb Jahren die Leitung
einer Apotheke übernommen. Der Vorbesitzer
hat sich trotz des gut laufenden Geschäftes dazu
entschlossen, in vorzeitigen Ruhestand zu gehen, um sein weiteres Leben bei seiner Großfa-
milie auf dem Land statt in der stressigen Stadt
zu verbringen.

Erst vorgestern sind wir aus unserem Urlaub in Melbourne zurückgekommen, den wir wirklich gebraucht haben. Und so frisch erholt aus dem Urlaub, habe ich heute die Muße unser Leben mit etwas Abstand zu betrachten.

Das mag jetzt vielleicht so klingen, als würden unsere Jobs uns auffressen. Doch dem ist nicht so, denn wir lieben unsere Jobs und spenden uns trotz des ganzen Stresses viel Kraft für ein erfülltes Privatleben. Dass wir beide ganz gut verdienen, ermöglicht uns die eine oder andere tolle Reise, wie unser letzter Abstecher in Johns Leben.

Levis Idee nach der Arbeit am Abend noch Schaufenstershopping in der Innenstadt zu betreiben, wird wortwörtlich ins Wasser fallen, denn es nieselt. Dieses Schlendern vorbei an bunt beleuchteten Schaufenstern hat sich mit der Zeit zu einer unseren geliebten Abendbeschäftigungen entwickelt. Besonders an lauen Sommerabenden genießen wir es echt, in der Dämmerung nach einem stressigen Tag durch die leere Innenstadt zu bummeln und uns die Schaufenster zu betrachten. Es ist auch eine nachhaltige Angelegenheit, denn man kommt am Abend nach Geschäftsschluss nicht mehr auf die Idee, sich unnützes Zeug anzuschaffen. Für uns ist es wie das Brainstorming zu einem gemeinsamen Spiel der Fantasie, für das man keine handfesten Artikel erwerben muss. In den meisten amerikanischen Städten wäre dies nicht möglich, weil Shopping-Malls gewöhnlich um diese Zeit schon geschlossen haben, doch Houston bietet uns einige kleine versteckte Straßen mit Geschäften und kreativen Schaufenstern.

Ich fröstele, obwohl Sommer ist. Schon seit zwei Tagen kenne ich diese plötzlichen Frostschauer, die für mich eher untypisch sind. Vielleicht liegt es am Jetlag. Dass mir seit gestern Abend zunehmend am Morgen und Abend schlecht wird, versuchte ich zunächst zu ignorieren, was mir aber nicht so recht gelingt. Bin ich etwa schwanger? Trotz Pille? Habe ich sie etwa vergessen? Eine Schwangerschaft würde jetzt deutlich besser in unser Leben passen, als damals noch vor unserem Studium auf unserer ersten Reise nach Melbourne. Doch eigentlich habe ich mir immer vorgestellt, diesen Schritt mit Levi gemeinsam zu planen. Bei dem Gedanken schwanger zu sein, ist mir dennoch mulmig, denn unser Leben würde zwangsweise immense Veränderungen mit sich bringen. Ich beschließe kurzerhand, mir auf dem Heimweg von meinem

Büro einen Schwangerschaftstest in der Apotheke zu besorgen.

Zuhause bin ich alleine. Levi wird erst in einer halben Stunde von seiner Arbeit zurückkommen, wie jeden Tag.

Nachdem ich den Schwangerschaftstest gemacht habe, muss ich warten. Ich lege den Streifen auf den Sims hinter dem Waschtisch im Badezimmer und beschließe, mir erst einmal einen Tee zu kochen, um die Wartezeit auf das Ergebnis zu verkürzen. Zehn Minuten später fällt mir im Badezimmer fast die Tasse aus der Hand, denn auf dem Schwangerschaftsstreifen steht tatsächlich ein eindeutiges Ergebnis: *Schwanger!*

Fuck. Nein, halt, nicht Fuck, sondern heilige Maria Gottes ich werde tatsächlich Mutter!

Ich kann es nicht glauben. Das darf doch nicht wahr sein! Ich stelle die Tasse ab, lege eine Hand sanft auf den noch flachen Bauch und streichele ihn voller Freude. Ich bin so gespannt auf Levis Reaktion. Glücklich räume ich die leere Tasse in die Spülmaschine, als sich die Wohnungstüre öffnet und Levi von der Arbeit kommt. Er sieht fertig aus, doch das ist irgendwie sexy und steht ihm unglaublich gut. Als er, um sich die Hände zu waschen ins Bad geht, muss ich innerlich

schmunzeln. Gleich wird er den Schwanger-
schaftstest entdecken, den ich absichtlich auf
dem Sims liegen gelassen habe. Und so ist es
auch. Mit dem Teststreifen kommt er aus dem
Bad heraus. Sein Gesicht hat eine entgeisterte
Miene, die mich verunsichert. „Was…Was ist
das, Katy?", fragt er stotternd mit zittriger
Stimme. Ich gehe auf ihn zu, lege meinen rechten
Arm um seine Schulter und sage eindringlich:
„Levi, du wirst Vater." Er lässt daraufhin das
Test-Stäbchen fallen und umarmt mich abrupt.
Als er mir einen sinnigen Kuss auf den Mund
drückt, rinnt ihm seitlich eine Träne über die
Wange, was bei mir automatisch das gleiche aus-
löst. Ich habe ihn so lange nicht mehr weinen gesehen, dass ich mich schon gar nicht mehr daran
erinnern kann. Er schlingt seine Arme um meine
Taille und zieht mich an sich. Als er mir unge-
niert ins Dekolleté starrt, meint er stolz: „Ich
werde Vater. Ich kann es nicht fassen. Es ist so
unglaublich." Dann schaut er mir wieder in
meine Augen und haucht mir zu: „Katy, in dir
wächst ein kleines Herz. Das Herz unseres Kin-
des."

Seine Worte berühren mich so sehr, dass ich
seinen Lippen nicht widerstehen kann.

Danksagung

Ich kann gar nicht glauben, dass ich mein allererstes richtiges Buch geschrieben habe. Das Entstehen meines ersten Romans *Während meine Seele tanzte* haben großartige Menschen begleitet, bei denen ich mich herzlich bedanken möchte.

Zuerst möchte ich meiner Mutter danken, die mir beim Korrekturlesen immer zu Seite stand. Ich danke auch meinen Vater für die technische Unterstützung. Dank gilt insgesamt meinen Eltern und Schwestern für ihre Geduld.

Meine liebe Oma Hildegard, meine Testleserin, muss hier auch unbedingt erwähnt werden, schließlich ist sie die erste Person, die mein Buch komplett gelesen und mich finanziell unterstützt hat.

Ich danke auch meinem Cousin Yonatan, der zweisprachig aufgewachsen ist und mir bei der Korrektur der Songtexte geholfen hat.

Meiner Freundin Senta danke ich für ihr immer offenes Ohr und die tollen Gespräche über Bücher und das Schreiben.

Zum Schluss möchte ich noch ein großes Dankeschön an das Team von Tredition aussprechen, die mir bei der Veröffentlichung geholfen haben.

Danke, liebe Leserinnen und Leser, dass ihr mit mir in die USA gereist seid, um die Geschichte von Katy und Levi zu erleben!